社長!! 儲かる会社に変えなけりゃおしまいや！

森　和夫著

セルバ出版

はじめに

　長引く不況の影響もあって、中小企業はかつてない業績不振に直面しています。当面の売上や利益の確保等もさることながら、生き残るための取組みが愁眉の急となっています。

　そうした難局にあるせいか、四十数年間コンサルタントをやってきた私には、いまほど経営者の皆様方に元気がないのを痛感しているときはありません。経営者に元気がなくては、会社が元気になるわけがありません。

　ビジネス破壊の進むいま、うまく対応できなければ、儲けられません。儲けられなければ潰れるしかありません。潰れたらおしまいです。

　"元気印の会社づくり" ができなければ明日はありません！

　そこで、ビジネス破壊のいま、①明日がどうなるかを心配するよりも、明日のためになにをどうするか、打つ手を考えよう、②"座して待つより打って出よう"、③それには、カズオ方式の「ビジネス破壊にかつ経営」を実践し、元気印の会社づくりに成功しよう、と呼びかけています。

　「ビジネス破壊」とは、①価格破壊（デフレの進行とともに、ますます価格が下落している）、②系列破壊（いままで仕事をもらっていたところが他に注文を出してしまい、縦の社会が崩れてきた）、③制度破壊（長い間馴染んできた業界の秩序が通用しなくなった）、④コスト破壊（中国の低コスト攻勢にあって、わが国のメーカーを中心に非常に困っている）の四つの破壊の総称です。

　ビジネス破壊の進展に伴い、商いで成功を収める方程式がコスト＋利益＝市場価格という積算方式から市場価格－利益＝許容原価というローコスト方式に大きく変わりました。この変化にうまく対応（第2創業＆経営革新）して、元気印の会社にしなければなりません。

　そのカギは、カズオ方式の「かつ経営」の実践にあります。「かつ経営」とは、ビジネス破壊に対応するために次の三つの「かつ」が一体となって経営課題をクリアーする方式です。
(1)　「贏つ」は、外部環境の変化を先取りし、ベスト・ワンの事業経営をする。この仕事の担当は、社長。
(2)　「克つ」は、真のライバルであるお客様との知恵比べにかつ（己にかつ）、オンリー・ワンの商品経営をする。この仕事の担当は役員クラス（経営幹部）。
(3)　「勝つ」は、勝利の勝で、名実ともに競合する相手に先駆け、プラス・ワンのサービス経営をする。この仕事の担当は、部課長（基幹職）。

　陣頭に立つ社長と役員・部課長が三位一体で担当する経営課題に取り組め

ば、必ず打開できると思います。

　ビジネス破壊に対応するにあたって注意すべきことは、従来のものの見方・考え方・やり方がもはや通用しませんから、①商いの本筋や本質をつかみ、本物をつくって、本気で商いに取り組む、②当たり前のことを自分の考動で進める、③情報の事業化で実践解をみつける、ことです。

　本書は、"元気印の会社づくり"で勝ち組になる設計図、新たな経営の設計技術という命題について、次の構成でまとめています。

(1)　なぜ儲からないか？－五つの原因と対応ポイント
(2)　なにをどうすれば儲かるか？－勝ち組になるための条件
(3)　こうすれば儲かる！－かつ経営を仮説構想する概略設計のポイント
(4)　こうしなければ儲からない！－かつ経営を仮説検証する詳細設計のポイント
(5)　実行推進しなければ儲からない！－三方よしの経営を目標にした実行推進法

　本書が、会社を変えたい、つまり第2創業や経営革新をしたいが、なにをどうするかがわからないと悩んでおられる中小企業の社長（オーナー企業の経営者および後継者）のお役に立てば幸甚です。

　また、社長を補佐する立場の経営幹部（役員）・基幹職（部課長）の方々も、本書をぜひ一読してください。

　この難局で勝ち組になるためには、社長・役員・部課長が三位一体でなければ、リカバリーは難しいからです。この三者は異体であっても、ものの見方・考え方が同じ（一心）でなければなりません。

　この三者の見方・考え方を一つにするためには、本文とともに図表を手にして活用していただくことをお勧めします。

　最後に、本書の出版にあたり、多大のご尽力をいただいたセルバ出版の森忠順氏に厚く感謝申し上げます。

平成14年9月

　　　　　　　　　　　　　　　　　　　　　　　　　　　　森　　和　夫

社長!! 儲ける会社に変えなけりゃおしまいや　目次

1 なぜ儲からないのか？
―五つの原因と対応ポイント

(1) 商いで成功を収める方程式が根本的に変わった ……… 10
(2) 活力低下で三つのギャップが顕在化してきた ……… 11
(3) 知識や成功体験に寄り掛かって問題を先送りしている … 13
(4) 経営ごっこに終始し本気で商いをしていない ……… 16
(5) なにをどうしてよいか・打つ手がわからない！……… 18
(6) 勝ち組になるための課題を把握しよう ……………… 20
(7) ギャップを克服するにはかつ経営を展開しよう ……… 22
(8) 存立基盤の変化をつかみ事業機会を開発しよう ……… 24
(9) 事業構造の再構築に取り組もう ……………………… 26
(10) お客様の立場で生き筋(活路・針路)をみつけよう …… 29
(11) 社長は志・精神を活性化しその浸透を図ろう ………… 31
(12) 社長道(商いの天・地・人)を歩み前途を拓こう ……… 34

2 なにをどうすれば儲かるか?
―勝ち組になるための条件整備と寿命延命を図る設計図づくり

(1) 下請より下支え的な生き残りを図ろう ……………… 38

- (2) 勝ち組になるための四つの条件を整備しよう ……… 40
- (3) 新たな価値の創造に挑戦しよう ……………………… 43
- (4) 新たな価値の創造はお客様の視点で取り組もう …… 46
- (5) みえない問題をつかみ課題にしよう ………………… 48
- (6) みえない問題情報を共有し生き筋をみつけよう …… 52
- (7) 得手・強み(小回り・即断即決)経営で勝ち組を目指そう … 54
- (8) 得手・強みをつくり、これを磨こう ………………… 56
- (9) 情報を事業化する仕組みを考えよう ………………… 58
- (10) 最適解・全体最適のイメージを仮説構想しよう …… 62
- (11) 仮説を検証するルールと仕組みを知ろう …………… 65
- (12) かつ方程式を活用して勝ち組を目指そう …………… 68

3 こうすれば儲かる！
―かつ経営を仮説構想する概略設計のポイント

- (1) お客様から活かされる方向性を探索しよう ………… 72
- (2) 事業土台のゆがみ・崩壊の有無をチェックしよう … 75
- (3) 生き筋(活路・針路)は人べん産業からみつけよう … 77
- (4) 新たな価値の創造は収益を生み出す領域でみつけよう … 78
- (5) 質的成長を戦略ビジネス・プラットフォームで明確にしよう … 82
- (6) 変化対応の勝ちパターンを明確にしよう …………… 85
- (7) 創発(創造的発展)の方向性をみつけよう …………… 89

(8) 事業商略は三つのポイントを押さえて設定しよう……92
(9) 変革の方向を探りビジネススタンスを確定しよう……96

4 こうしなければ儲からない！
―かつ経営を仮説検証する詳細設計のポイント

(1) 創発・変革を実現する仕組みをつくろう……………100
(2) 商品経営の実践で外部から儲けを頂戴しよう………103
(3) プラス・ワンの価値づくりはコンセプトを明確化にしよう…108
(4) 製・技・販同盟でベクトルを統一し決定課題を設定しよう…112
(5) 得手・強みに帆をあげ、オンリー・ワンの価値をつくろう…115
(6) 競争地位とＫＦＳを見極めて対決課題を設定しよう…119
(7) 得手・強みに帆をあげ、受注を工策しよう…………122
(8) つなぎのセンスと技術を磨こう……………………128
(9) お客様とのつながりを重視し情報を提案しよう……131
(10) 優位性を構築する経営革新のカンどころを押さえよう　133
(11) 内部の管理より勝つサービス経営を実践しよう……136
(12) お客様志向の適応力でかつ経営をしよう……………139
(13) 小手先の順応より根本的に変える対応をしよう……142
(14) 意識・精神の活性化と俊敏な実行力で勝とう………145
(15) これでお客様は満足かを常に追求しよう……………148

5 実行推進しなければ儲からない！
－三方よしの**経営を主眼においた実行推進法**

(1) 内部の組織・構造・仕組みを変えよう ………………… 152
(2) 変化対応・お客様応答のビジネスモデルを再構築しよう ‥ 154
(3) ローコスト・オペレーション構造を再構築しよう ……… 157
(4) 元気印の会社づくりの方向を確認しよう …………… 159
(5) 課題経営はプロジェクト考動で突破しよう ………… 162
(6) プロジェクト・マネジメントを実行推進しよう ……… 166
(7) プロジェクトを共有し一点集中突破作戦を敢行しよう … 169
(8) よし、これで、いくぞ！の実行推進法で考動しよう … 172
(9) チャレンジシートで対決し自ら儲けを創出しよう … 176
(10) 社長は決断・実行力で破格前進しよう ………………… 180
(11) 社長は感動のプロデュースで陣頭指揮をとろう …… 183
(12) 社長はリカバリーのノウハウを自分のものにしよう … 185
(13) 会社は社長の器以上に決して大きくしてはならない … 187

参考文献 ……………………………………………………… 191

1 なぜ儲からないのか？
－五つの原因と対応ポイント

　なぜ儲からないのか、その理由や原因を突き止めなければ、対策の打ちようがありません。
　儲からなくなった理由・原因は、商いで成功を収める方程式が変わったからです。これまでのものの見方・考え方・やり方が通用しなくなりました。
　勝ち組になるためには、従来の考動（思考と行動）を否定し、転換することが必要不可欠です。

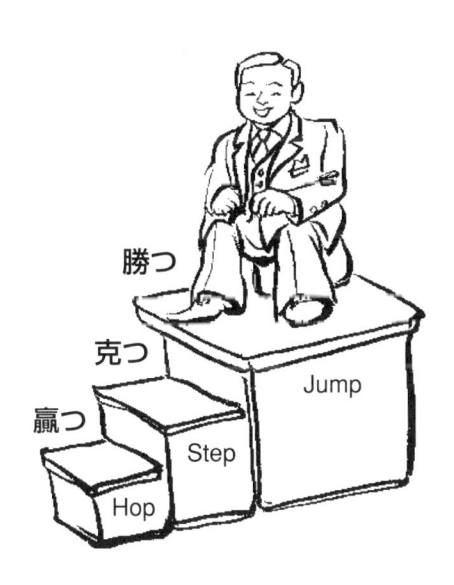

1 商いで成功を収める方程式が根本的に変わった

> **カンどころ** 自社への脅威とリスクはどうか、なぜ儲からなくなったのか。アンテナを鋭敏にして、自分の事業・商品について原因分析し対応を自問自答することが必要です。

♠ビジネス破壊でなにがどう変わったか

儲からなくなった最大の原因は、商いで成功を収める方程式が変わったからです。

具体的になにがどう変わったかは、図表1のとおりです。

商いで成功を収める方程式は、これまではC＋G＝Pで、積算方式の商いが主流でした。Cはコスト、Gは利益です。コストに利益をプラスするか利益率をかけるかしてPのプライス＝見積価格を算出するというのが、長い間、商いで成功を収める方程式でした。

ビジネス破壊の進展で、この積算方式が通用しなくなったのです。

♠商いで成功を収める方程式が根本的に変わった

新たに商いで成功を収める方程式は、P－G＝Cへと変わりました。

Pのプライスは、お客様が決める市場価格です。この市場価格から、将来の先行投資や減価償却費等をカバーできる利益額Gを差し引きます。残るのがCの許容原価です。この許容原価の範囲内で仕入ができるか、または製造できるかが儲けの分岐点になります。仕入や製造が許容原価の範囲内でできなければ、儲けになりません。

商いを続けていく以上は、成功する方程式が根本的に変わったことを認識したうえで儲かる経営に変えなければなりません。その方策はズバリ第2創業＆経営革新に挑戦する以外にないのです。

【図表1　かつ方程式】

```
○これまでの商いの方程式（積算方式）
         C  ＋  G  ＝  P
       コスト    利益    見積価格
○これから商いで成功を収める方程式（勝ち組になる方式）
         P  －  G  ＝  C
       市場価格   利益    許容原価
  ノート　勝ち組になるには、次の課題を解決しなければなりません。
         P↑……新しい価値を創造する…第2創業に挑戦する
         C↓……ローコスト・オペレーション構造の再構築に挑戦する
```

2 活力低下で三つのギャップが顕在化してきた

> **カンどころ** 社長・経営幹部は、24時間勤務で1日の3分の1は今日の問題、3分の1は明日の課題、残りの3分の1は明後日の課題に取り組むべきです。

♠活力を低下させている原因

　ビジネス破壊によって、あなたの会社には活力低下で生じるギャップ（割れ目・隙間）が顕在化してきていませんか。生じているギャップを無視したり軽視していると、会社が段々おかしくなり、儲からなくなります。
　いま活力を低下させている原因は、次の三つです。
(1)　急激な活力低下
　対応が容易でない外部環境の激変に遭遇した場合、急激に活力が低下します。昨今のビジネス破壊に見舞われたショックと、なにをどうしてよいのかがさっぱりわからないという悩みが余計に活力を低下させています。
(2)　組織の体力低下
　最近まで盛んにやってきた人員整理・人件費の削減などの消極的なリストラの弊害が現出してきました。それは、組織や人が思うように動いてくれないという問題です。組織や人が思うように動いてくれなければ、企業体の活力低下は当然です。
(3)　経営者の気力の減退
　いくら頑張っても儲からないために、やる気の喪失や意気の消沈が目立ちます。いまこれが元気のない会社の大きな原因の一つです。

♠活力低下で顕在化した三つのギャップ

　あなたの会社では、次の三つのギャップが顕在化していないか、実態をつかんでください。
(1)　計画対実績のギャップ
　計画どおりに実績が伴わないから、毎月計画の下方修正を繰り返さなければならないといった今日的な問題です。
　これは、執行管理上解決すべき重点課題です。
(2)　お客様とのコミュニケーション・ギャップ
　お客様のニーズに応答しきれないか、していないという問題です。昨今この

ギャップが目立っていますが、これからますます顕著になる可能性が高いものです。お客様の自社離れは、明日の売上減や受注減となって必ず表面化するからです。

これは、現実経営上解決しなければならない喫緊の経営課題です。

(3) 外部環境の変化とのアテンション・ギャップ

アテンション・ギャップというのは、注意力を欠いたり、軽視したために生じるギャップです。この最たるものが変化への対応の遅れからくるギャップで、あとあと致命傷となる場合が多いのです。時代の流れと自社との間に生じているギャップは、いま喧伝されている構造的不況がもたらしたビジネス破壊そのものです。

これは、未来経営上解決すべき重点課題です。

♠みえない三つのギャップの拡大が恐い

上記の三つのギャップのうち、計画対実績ギャップは、誰にでも比較的みやすい問題です。計画が明確であれば、実績を把握さえすればその差（ギャップ）はみえるからです。

しかし、外部環境の変化と自社の間のアテンション・ギャップは、後になれば明らかとなりますが、事前にはなかなかみえないギャップです。ですから、計画対実績のギャップばかりを追い回していると、お客様とのコミュニケーション・ギャップはいうまでもなく、外部環境とのアテンション・ギャップはますます拡大することになります。

社長・経営幹部としては、みえる問題よりもみえない問題を意識してみるように心掛けることが肝要です。ビジネス破壊の渦中にあるいまは、お客様とのコミュニケーション・ギャップや、環境の変化とのアテンション・ギャップの問題解決に果敢に取り組まなければ、儲けるのは難しいときだからです。

いま儲かっていない会社の社長・経営幹部は、この二つのみえない問題を無視してきたことが今日の計画対実績のギャップとなって現れていることに早く気づいてください。

上記の三つのギャップ（隔たりやほころび）が一つでも出てくると、会社はおかしくなります。現に、多発している企業倒産の原因がこのことを証明しているからです。

3 知識や成功体験に寄り掛かって問題を先送りしている

> **カンどころ** 儲からなくなった原因の一つは、解決すべき経営課題を等閑にし、先送りのその場しのぎの経営に堕した結果です。"ボンヤリの誤り"で犯した罪を償うときです。

♠目立つ問題の先送り

ビジネス破壊を克服するには、これまでの経営のあり方・ものの考え方では通用しないと述べました。過去の知識・成功体験・業界の常識に寄り掛かっている社長には、「儲からない原因の一つは過去の成功体験などに寄り掛かっているからですよ」とズバリ指摘したいのです。

寄り掛かっている結果、解決すべき課題や問題を先送りせざるを得ない羽目に陥っています。意識的というよりも無意識的に"ボンヤリの誤り"を犯していると思いますが、次々と立ちふさがる経営問題に対し、このボンヤリ症状は罪深いことといわざるを得ません。

♠問題を先送りする社長の三つの代表的タイプ

問題を先送りする社長の代表的なタイプに、次の三つがあげられます。

(1) 一つ目のタイプは、学校やセミナーで教える経営学・社長学を金科玉条として信奉している社長

このタイプは、従来の高度成長時代のセオリー・マネジメントのハウツウが絶対だという思い込みや考え方のもとに、経営を行っている社長です。

このタイプは、若手（とくに大学等で経営学の勉強をした優等生タイプ）の社長に多くみられます。

(2) 二つ目のタイプは、過去の成功体験へのこだわり一点張りの社長

これは年輩の創業経営者に多いタイプです。このタイプの経営者が頑張っている会社の役員会に出席すると驚くような場面に出会います。

例えば、代替わりした社長がいるにもかかわらず、社長職を退いた会長が「昔はこうだった。自分はこうしてきた。うちの会社の技術は優秀なんだ。それでも儲からないのは、値決めが悪いんだ」と、過去の成功体験や尺度で価格設定などを批判し、それに誰もなにもいわない光景です。

確かに一理あると思いますが、商いで成功を収める方程式が変わったいま、さほどでない過去の技術を絶対だと思い込み、積算方式での価格設定が通用し

【図表2　経営計画より前に事業商略・経営戦略ありき】

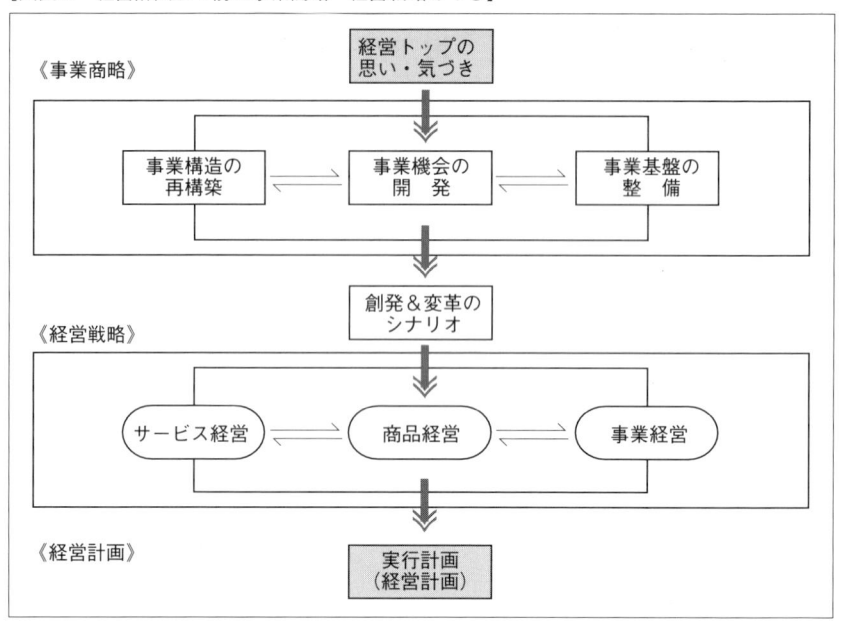

```
《事業商略》
                    ┌──────────────┐
                    │ 経営トップの │
                    │ 思い・気づき │
                    └──────┬───────┘
                           ↓
    ┌──────────┐  ┌──────────┐  ┌──────────┐
    │ 事業構造の│⇔│ 事業機会の│⇔│ 事業基盤の│
    │  再構築  │  │   開 発  │  │   整 備  │
    └──────────┘  └─────┬────┘  └──────────┘
                        ↓
《経営戦略》    ┌──────────────┐
                │ 創発＆変革の │
                │   シナリオ   │
                └──────┬───────┘
                       ↓
    ┌──────────┐  ┌──────────┐  ┌──────────┐
    │サービス経営│⇔│ 商品経営 │⇔│ 事業経営 │
    └──────────┘  └─────┬────┘  └──────────┘
                        ↓
《経営計画》        ┌──────────┐
                    │ 実行計画 │
                    │(経営計画)│
                    └──────────┘
```

ないことすら理解されていないのです。

(3) 三つ目のタイプは、タテ割りの業界の常識から抜け出せない社長

業界・各種団体の役員をつとめる名士的な経営者に多くみられます。このタイプは、自業界のことには精通していても、他業界のことには関心を示さない傾向があります。このため、自業界がすでに負け組になっていても、その状況がわかっていません。

以上のいずれのタイプの社長にも共通していえることは、解決すべき課題や問題が放置されていることです。この問題先送り体質が企業の根腐れ現象を起こしています。植物と同じように根が腐ると、新しい芽が出なくなりますから、実に恐ろしい経営状態になってきます。

♠限界がきた自利追求より「利他の追求」を

従来から主流となっている社長学・経営学で経営理念、経営戦略、経営計画を策定し、工程表をつくるといった旧来のやり方で、昨今のビジネス破壊にかつ（贏つ・克つ・勝つ）ことができるのでしょうか？

まず、経営理念については、もう一度原点に立ち戻ってみる必要があります。いくら立派な能書きも、ビジネス破壊による激変の中では"絵に描いた餅"になっているかもしれません。それよりも、会社は潰れたらおしまいですから、

"経営理念とは絶対に会社を潰さない"ことだと肝に銘じて商いを見直すことです。

また、経営目的の明確化についても、商いはゴーイングコンサーン（事業継続）ですから、続かなければ意味がありません。

しかし、商いの継続がなかなか難しい環境の中で、どう続けていくかを考えるとき、経営の目的は、利益追求、売上目標の達成、株式市場への上場などという「自利の追求」ではなく、あくまでも、お客様からみた価値づくりという「利他の追求」を目的に掲げることが対応策としては当を得ています。

儲けるという字を分解すると、信者をつくるとなります。お客様に自社の信者になっていただくことを第一義的に考えなければ、文字どおり儲けることはむずかしいのです。

☞ 自利とは、自分の利益を求めることです。これに対し、利他とは、他人つまりお客様に利益を与えることをいいます。

☞ 利他の追求とは、お客様から活かされる商い（事業・商品・サービス）を探索することです。

♠成功体験やマネジメントの教科書とはおさらばしよう

ビジネス破壊にかつためには、いままでの成功体験や、経営学・社長学の教科書とはおさらばしてください。そして、従来とは考え方をまったくさかさまにして、商いに取り組むのです。

学校やセミナーで教えている経営学や社長学は、財務分析がどうだとか、労働基準法がどうだとか、商法がどうだなどと法規が中心ですから、これから大事な戦略思考や機会開発という視点に欠けています。

とにかく、ビジネス破壊を克服するためには、なにでメシを食うかという核（コア）の開発なくして対応できません。このコアの部分の開発は、過去の知識や成功体験が通用しません。新たな事業・商品・サービス経営は、あくまで「ああでもない、こうでもない」と自らの地アタマで試行錯誤して創造する以外にないのです。（図表2）

新たな事業・商品・サービス経営の創造は、事業寿命の延命であり、その処方箋（設計図）を練ることを意味します。決して経営計画の立案という工程表をつくることだけが社長や経営幹部の役割（仕事）ではないのです。

経営は、いうまでもなく、人（部下）にやらせることを中心に考えた管理とは異なり、社長自らが率先して取り組まなければならないものです。

4 経営ごっこに終始し本気で商いをしていない

> **カンどころ**　"切に思うことは必ずとぐるなり"（道元）ただひたすらに思えば、必ず達成できるということです。解決すべき経営課題に真剣に思いをいたさねば儲かりません。

♠儲かっていない会社の経営者タイプ

　経営者が働くとは一体どういうことなのでしょうか。一所懸命にやっているからといって24時間勤務するだけが働くことではありません。働くという字を分解すると、"人が重点に力を注ぐ"となります。その人とは、社長自身にほかなりません。

　儲かってない会社の社長に共通することは、この重点がぼやけています。つまり、解決すべき経営課題に真剣に取り組んでいないのです。したがって、結果的に社長ごっこ、経営ごっこをやっているに過ぎないというわけです。

　儲かっていない会社の経営者タイプをあげると、次のとおりです。

(1)　組織の維持に汲々としている管理者型のタイプ

　後継者、特に経営者の子息に多くみられます。分析屋に堕していて、朝から晩まで社長室の中に閉じこもって分析ばかりやっています。会議では、数字上の細かいことばかりいうので、みんなはやる気を失くしている社長がそうです。

(2)　「何々すべきだ。何々であるべきだ」と能書きばかりをいう、言行不一致・評論家タイプの経営者

　経営者は、二人称でしかものをいわない評論家のようになっては絶対にだめです。しかし、評論家タイプの経営者が実に多くなってきましたが、このタイプの経営者を頭にいただく会社は儲かっていません。

(3)　人のいうことに聞く耳をもたない、唯我独尊の我が儘タイプ

　意思決定はワンマンでよいのですが、あまりにも聞く耳をもたないと、情報が入ってこなくなって、いつのまにか情報音痴になってしまいます。

　お客様とのコミュニケーション・ギャップとか、外部環境の変化と自社の対応との間にアテンション・ギャップが拡大している会社をみると、社長はじめ経営幹部に情報音痴が多いのが目につきます。

♠三つの意識に欠ける経営者では芽が出ない

　ビジネス破壊を克服するには、社長に、次の三つの意識が絶対に必要です。

これが欠ける社長は、元気印の会社づくりには失格です。

(1) 課題意識

商いの考動には、お客様からの情報（宿題といってもよい）をすごく敏感に感じ取るとか、あるいはお客様の情報を意識して徹底的に探り出すといった課題意識が必要です。しかし、管理型の分析屋タイプの社長には、これがうまくできません。

(2) 当事者意識

「私はやります。私が責任者です。私が悪かった」という言葉が社長の口から出る会社は儲かっており、元気があります。

反面、「これは役員の責任だ。政府が悪い。銀行が悪い。従業員が悪い」といっている社長（能書きタイプの社長）や評論家的な経営者には、当事者意識が希薄です。

(3) 危機意識

人のいうことに耳を傾けない、聞く耳をもたない経営者は、危機意識が欠如しています。経営者に危機意識がなければ、組織の末端まで本当に危機意識がなくなってしまいます。だから勝てません。これが問題なのです。

セコムの飯田最高顧問は、「事業というものは、経営者の危機意識とそれから焦燥感っていいますか、焦りから生まれてくるもんだ」と述べておられます。

この言葉どおり、社長はもとより経営幹部に危機意識がなければ、元気印の会社に再生（第2創業）することは到底無理です。

"敵は我にあり"です。社長は、上記の三つの課題意識、当事者意識、危機意識が欠けていないか、まず自分自身を自らチェックしてみてください。

♠ビジョンより商いに賭ける「思い」が活性化には大切

第2創業は、核（コア）である事業・商品・サービス経営に対する創業者的思い入れがなければ、絶対に不可能です。

裏返せば、事業・商品・サービス経営を本気で実現しようとしなければ、第2創業の芽が出てこないといえます。

そういう意味で、企業経営のビジョン（人・組織を引っ張っていくために会社の目指す将来の具体的な姿を表明したもの）よりも、事業・商品・サービス経営に対する思い入れ（社長の夢、願望、志＝Want）を活性化してほしいのです。

5 なにをどうしてよいか・打つ手がわからない！

> **カンどころ** 元気がない会社の３Ｋ「企画力がない」「固定観念から抜け出せない」「危機感がない」から抜け出すためには、経営幹部の陣頭指揮が不可欠です。

♠機能停止している経営幹部がいる

筆者は、いろんな会社の顧問や相談役を引受ている関係で、経営会議や役員会議に出席する機会があるのですが、出席してみて痛感するのは、社長や経営幹部に、本当にいまなにをどうしてよいのかわからないという方が非常に多いことです。

これまでは、元請（親会社）のいいなりに、また同業者と同じような工程表で動いておれば、それでなんとかなってきたのですが、ビジネス破壊の克服は、そういうわけにはいきません。

経営計画という工程表をつくるより前に、元気印の会社にする事業商略・経営戦略を十二分に練っていかなければなりません。ところが、このことに気がついていない会社が少なくありません。

これは、図表４（27頁）の現実経営部位が空洞化している会社が多いという証左です。極端にいえば、事業・商品・サービスの寿命の延命策がまったく考えられていないのです。

現実経営部位の担当者が機能停止をしていては、儲かりません。経営幹部は、現実経営部位の活性化を図り、お客様とのコミュニケーション・ギャップを埋めることに専念してください。

♠罪悪行為を犯している経営幹部がいる

経営幹部が機能停止している主な理由として、経営幹部の罪悪行為があげられます。

(1) 実態をつかんでいない—視野狭窄症に陥っている

罪悪行為の一つ目は、図表９（44頁）でみるような自社のライフサイクル上のステージだとか、寿命や余命、お客様とのコミュニケーション・ギャップといった実態をつかんでいないという罪悪です。

みえる問題（計画対実績との差）をつかむのは得意ですが、お客様のクレームや苦情はつかんでいませんし、ニーズとなるとさっぱりわかっていません。

「ニーズをつかんでくるのは営業の仕事だ」という考え方や態度が問題なのです。

このような症状を視野狭窄症と呼んでいますが、タテ割りの組織の弊害です。しかし、一番重要なお客様の声やニーズをつかんでいないのは致命的です。

(2) 打つ手がわからない

罪悪行為の二つ目は、打つ手がわからないという罪悪です。たとえお客様のニーズをつかんだとしても、なにをどうしてよいかがわからないのです。

とにかくマニュアル慣れのためか、自ら考えることがあまり得意でありません。考えないから余計わかりません。この症状を蝸牛病と呼んでいますが、マイペースでしか動かないのです。しかもわが身が危険な状態になると、殻のなかへ逃げて、責任回避をします。これも問題なのです。

(3) 打つ手はわかっているが、手を打とうとしない―臆病風邪に吹かれた経営幹部

罪悪行為の三つ目は、打つ手はわかっているのですが、手を打とうとしないという罪悪です。「これは俺の仕事じゃない」「誰かがやるだろう」「職務分掌規定に書いてない」などといって、手を打とうとしない幹部がいます。この症状を臆病風邪症といいます。

部門がタテ割りになっていますから、役員といえども、全体がわからないし、またわかろうとしません。自社の全体最適よりも、担当分野の部分最適にものすごい時間とエネルギーを注いでいますから、他部門のことは、わかっていても手を出そうとしないばかりか、協力しませんし、意見をいいません。まさに臆病風邪に犯されている典型です。

♠恐い現実経営部位の空洞化

この結果、自社の現実経営部位（27頁の図表4参照）が空洞化してしまいます。これでは事業寿命の延命はできません。延命できなければ、死を覚悟しなければなりません。このことに早く気づいていただきたいのです。

そして、社長は執行管理部位から未来経営部位へ、また経営幹部は現実経営部位へ、それぞれ飛び出して、ビジネス破壊に贏つ&克つ経営への戦闘配置についてください。

特に、経営幹部は、お客様とのコミュニケーション・ギャップを埋める事業・商品・サービス経営に取り組むことです。つまり、事業寿命の延命のために知恵を絞り出すのです。

6 勝ち組になるための課題を把握しよう

> **カンどころ** いま解決すべき経営課題を抽出し選択し設定するという課題経営が、事業商略・経営戦略の出発点です。この課題経営に優先的に取り組むことが肝要です。

♠成功のカギはお客様からみた価値の創造－第2創業の課題

　勝ち組になるためには、前述した成功を収める方程式のプライスPをアップすることが決め手となります。というと、コスト破壊のなかで、市場価格をアップするとは何事かと思われるかもしれませんが、提案したいのは、「新しい価値を創造し続けよう」ということです。

　商いで成功するには、なにが重要かといえば、価値を創造することにつきます。その価値とは、お客様からみた価値です。

　お客様が離れていくのは、これまでの事業・商品・サービスに魅力（価値）がなくなったとお客様が評価された結果です。

　ですから、「お客様からみた価値をどう創造するか」が第2創業の重要課題となるのです。

♠勝ち組になるための課題－今後の事業商略・経営戦略策定の出発点

　勝ち組になるためには、プライスPと並行してコストCのダウンを図ることが課題です。しかし、プライスPのアップが難しいとなれば、C＝コストの大幅なダウンを図らなければなりません。これからは、従来のような製造原価の引下げ程度では、到底生き残れません。

　このように小手先の対応がまったく通用しない状況ですから、根本的に経営のあり方を見直さざるをえません。

　すなわち、製造原価だけではなく、ありとあらゆるコストを下げる、そのためにはものの考え方を変える、経営のやり方も変えるといった経営革新に取り組む必要があります。その決め手は、ローコスト・オペレーション構造の再構築（157頁参照）です。

　しかし困ったことに、私たち人間は、新しい知識の吸収にはものすごく貪欲ですが、自らの意識や考動の変革は極度に拒否する動物だといわれています。

　そうだからといって、等閑にしてはなりません。商いで成功する方程式が変わったのに、自らの意識や行動を変えられなければ、まず儲かる会社にはでき

ませんし、負け組になってしまうからです。

そこで、プライスPをアップすると同時にコストCをダウンするか、あるいはプライスPをアップするか、コストCのダウンを図るかといった喫緊の経営課題を抽出し選択し、これに果敢に挑戦することが必要です。

◆ 事業商略・経営戦略の策定は従来と「さかさまの考動」が欠かせない

今後の事業商略・経営戦略の策定には、これまでとはまったくさかさまの考動が必要です。前述した意識・考動の変革には、次の四つのポイントを押さえておかなければなりません。

☞ 商略とは、一般的には商売上の駆け引きのことをいいますが、筆者は、お客様の心のうえに立ち、知恵比べをすることを強調して使っています。商策。

(1) まず、つくったものを売るのではなく、売れるものをつくるという、考動が必要

これまでは、つくったものを売ればよかった、売る努力をすればよかったのですが、これからは売れるものをつくらなければなりません。

☞ 考動とは、考動の造語です。考えながら動き、動きながら考えることをいいます。

(2) 次に、売る前に得る、売るより得ることを重視する

まず、お客様の声を得ることです。お客様の声は情報（宿題）ですから、お客様からの情報を解読して、新たな価値をお客様に提案することによって、お客様から共鳴共感を得るのです。最後に共鳴共感をいただいたお客様には固定客となってもらうのです。

つまり、商いでは、固定客を得ることが最も大事だからです。

(3) さらに、転位深慮、お客様の立場に立って深く考えることが必要

自社の利益追求を優先するのではなく、お客様の利益を優先的に考えます。お客様はなにに代金を支払ってくれるか、お客様はなにを望んでおられるのか、を直接聞きます。具体的に聞けないときは、「お客様が本当に望んでいるのは○○ではないか」と仮説を立てるのです。

(4) そして次に大切なのは、傾聴実践。つまり耳を傾けて聞いたことは必ず実践するという姿勢・態度が必要

どこの会社でも、顧客第一主義という言葉を聞かれますが、掛け声だけで終わっているケースが非常に多いと思います。掛け声で終わらせないためには、とにかくお客様から聞いた苦情（クレーム）や無理難題（ニーズ）には、素早く応答することです。

顧客第一主義（主張）ではなく、顧客第一義（心）に徹することが必要です。

7 ギャップを克服するにはかつ経営を展開しよう

> **カンどころ** 経営考動の重点が変わったいま、これまでのお役所的タテ割り考動や役職位考動は、もはや通用しません。役割重視の経営考動へシフトしなければなりません。

♠低下する活力をどう蘇らせるか

さて、活力が低下しギャップが出てきたときに、どう活力を蘇えらせて元気にするか、次に考えてみましょう。

ギャップの克服には、課題解決法として提案している「かつ経営」の三つの「かつ」というキーワードを念頭に、執行管理上、現実経営上、未来経営上の重点課題を浮き彫りにし、これと対峙していくのです。

図表3は、変化に対応する仕組みです。

構造的不況がもたらしたビジネス破壊を克服するには、根源にあるアテンション・ギャップに「贏つ」ことです。例えば、大手電機メーカーの日立、三菱電機、ソニー、東芝、パイオニア、日本ビクターの各社は中国に相次いで部品調達などの新拠点をおいて、調達を開始することが報道されていました。これが未来経営の重点課題であり、アテンション・ギャップを克服する贏つための大手電機メーカー各社の対応策です。

♠中国を視野に入れどう対応するかを考える

企業規模の大小を問わず、まず中国を視野においてどう対応するかを考える必要があります。この点について、一橋大学の関満博教授は次のように対応策を示唆されています。

「2002年の春以降、中国への移管が進むだろう。世界の工場となる中国に対して、国内産業はどう対応するか。一つは、果敢に中国に飛び込む。もう一つの道は、国内にとどまる。ただし、中国と競争しない新しい土俵を探すことが大切。その一つ目として、ハイテクをとことん追求する。二つ目は、匠の技能の世界を追求する。三つ目は、自分たちの身の回りや地域の質を高める需要を考えていくこと」(日本経済新聞2002年1月4日付)。

中小企業の製造業が得意とする匠の技能をとことん追求して、オンリー・ワンの技術を高め、オンリー・ワンの商品経営をすることが対応策の一つだという指摘に耳を傾ける必要があります。

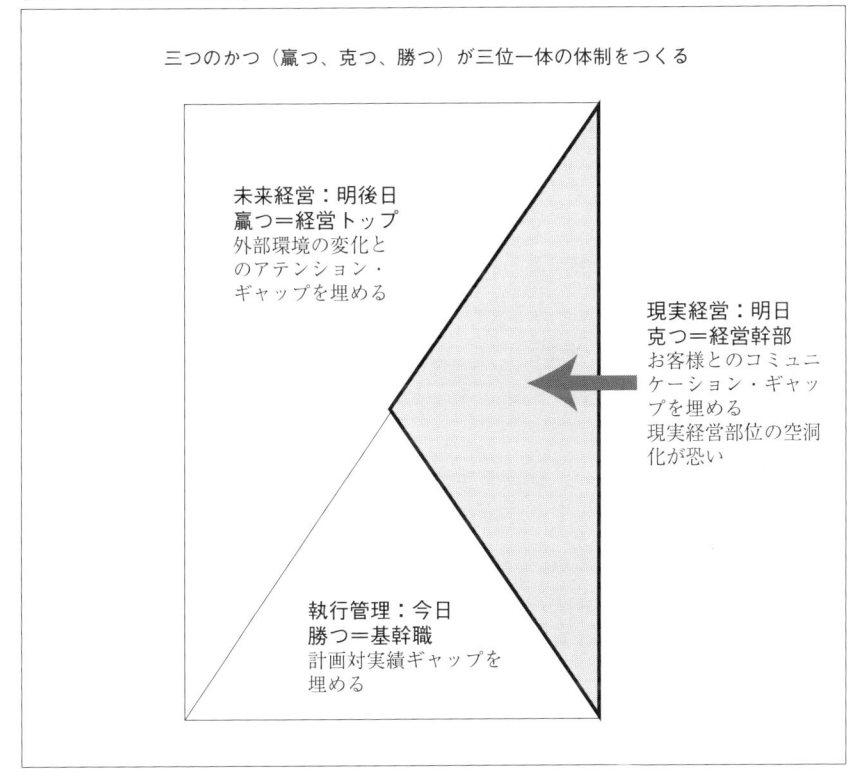

【図表3　変化対応の組織】

```
三つのかつ（贏つ、克つ、勝つ）が三位一体の体制をつくる
```

- 未来経営：明後日
  贏つ＝経営トップ
  外部環境の変化とのアテンション・ギャップを埋める

- 現実経営：明日
  克つ＝経営幹部
  お客様とのコミュニケーション・ギャップを埋める
  現実経営部位の空洞化が恐い

- 執行管理：今日
  勝つ＝基幹職
  計画対実績ギャップを埋める

♠コミュニケーション・ギャップにかつ（克つ）方向

　アテンション・ギャップを埋めるために、中国を視野に入れた対応策を検討した結果、中国に進出しない場合は、国内でお客様とのコミュニケーション・ギャップを埋めることを徹底的に追求する方向にカジを取ります。つまり、身近なところに事業・商品・サービスの生き筋（活路・針路）を探すこと、地域の質を高める需要を考えることが重点課題です。

　例えば、ハイテク・匠の技能を追求する一方、自社の身の回り、たとえば食品の包装・加工、住生活、環境問題、福利関係に世間の「不」（不満）と「期」（期待）をみつけるのです。

♠計画対実績ギャップにかつ（勝つ）方向

　計画対実績ギャップを埋めるためには、競合相手に半歩でよいから先駆けることが対応策のポイントであることはいうまでもありません。

8 存立基盤の変化をつかみ事業機会を開発しよう

> **カンどころ** 第2創業では、みえる問題の解決よりもみえない事業機会の開発が決め手です。またメシの種探しというより前に、どこでどう棲息するかを見極めることが大事です。

♠人が見落としている機会をみつけ、モノにしよう

　従来どおりいくら綿密で立派な経営計画を立てて実行しても、儲からない時代ですから、その対応の一つとして、みえない事業機会（ビジネスチャンス）をみつけ、みつけたビジネスチャンスをどうモノにするかが重要課題になってきます。

　新年度の経営計画立案の工程表を検討するときは、次の四つのポイントを中心に事業機会を開発することが先決です。
(1)　事業機会の探索と事業領域の確立をどうするか。
(2)　事業の選択をどうするか。
(3)　事業商略、経営戦略をどう立てるか。
(4)　限られた経営資源の配分をどうするか。

　これまでは経営計画を立てて、部門や部下に目標を割り当て、目標の管理に一所懸命取り組んできました。いいかえれば管理者精神を発揮すればよかったのですが、ビジネス破壊を克服するには、管理者精神をいくら発揮しても、それだけでは儲かる方向に引っ張っていく力にはなりません。

　ですから、社長には、この管理者精神よりも企業家精神の発揮が望まれます。社長は、企業家精神への脱皮を急がなければなりません。

　ここにいう企業家精神とは、他人が見落としている事業機会をみつけ、これをモノにする精神であり、力です。

　特に第2創業という難題への挑戦には、大いなる企業家精神の発揮が必須です。

♠みえない事業機会（ビジネスチャンス）の開発こそ肝心カナメ

　このように、みえる問題（計画対実績のギャップ）の解決よりも、みえない事業機会（ビジネスチャンス）の開発となると、これには、ガイドしてくれるマニュアルやフォームがありません。自分の頭で考え出す以外にないのです。

　このビジネスチャンス開発にあたって忘れてならないのが経営環境の把握・対応ですが、これは内部と外部の二つに分けられます。

まず外部環境の把握についてみましょう。いままでは状況を把握して、流れに則った形で他社と同じように事業を展開していればよかったのですが、いまは外部環境がどう変化するのかは誰にもわからない状況下にあります。

　そうした状況の中で、自社が寄って立つ産業や業界という事業基盤が勝ち組なのか負け組なのかを見極めなければなりません。

　その大雑把な判断基準になるのは、自社が属する産業や業界の株価水準です。その目安としては、3,000円以上の株価をつけている会社の多寡から判断してください。

♠事業はライフサイクルのどのステージにいるかをつかむ

　次に、内部環境についてみてみましょう。いままでは、自社内の生産能力、マーケティング力などを詳細に分析し弱点の補強に力を注いできましたが、これは管理上の問題解決だったといえます。

　ビジネス破壊の進むいま、なにが大切かといえば、自社のライフサイクル上のステージに対応した手を打つことです。

　事業にも、生物と同様に寿命があって、スタートアップ（生誕）から成長期、成長期から成熟期、成熟期から衰退期へというライフサイクルがあります。どんな事業・商品・サービスでも、なにもせずに永遠に成長することはまずありえません。（44頁の図表9参照）

　したがって、自社の事業はいま、このサイクルのどのステージにあるのか、スタートアップ期なのか・成長期なのか・成熟期なのか・衰退期なのかをきちんとつかむことが不可欠です。

　事業の寿命は30年といわれていたのは昔の話で、いまやドッグイヤーといい、昔の7年がいまの1年に相当します。となると、自社の事業の寿命や余命がどのくらいなのか、どれだけ寿命が経過したのかをつかみ、常に寿命延命のために変革と創発（創造的発展）の手を打ち続けることが大事です。

♠自社の存立基盤・存在基盤の変化をつかもう

　内部環境、外部環境の変化をつかみ分析がすんだら、次にどこでどう棲息するかを考えなければなりません。特に、ビジネス破壊が進むなかで、存立基盤（属している産業）、存在基盤（寄って立っている業界）の先細りの脅威と危険をみつけます。

　これは、容易ではありませんが、危機感をもって自社のライフサイクル上のステージから眺めると、ある程度傾向はつかめますし、見当はつくものです。

9 事業構造の再構築に取り組もう

カンどころ いま必要なのは、経営マシンを運転する技術や工程表（経営計画）ではなく、経営マシンを再設計する技術であり、設計図です。

♠事業構造部位の縮みが問題

　事業機会（ビジネスチャンス）の探索・開発は、具体的にどう進めればよいのでしょうか。

　図表４のように、あなたの会社は、事業と経営と管理という三つの部位から成り立っています。これまでであれば、経営と管理に堪能で（オルガナイザーで）あれば効率的な経営が進められました。しかし、ビジネス破壊が進行するなかでは、教科書どおりの経営戦略論や経営手法をいくら紐解いて実行してみても、通用しません。

　問題なのは、図表４の三つの円が均等の大きさではなく、下部の事業構造部位が極端に小さくなり不安定になっています。これは多くの企業にみられる一般的傾向です。

　この構造を改革のためには、経営考動の重点を事業構造部位におき、この部位の拡大を図る必要があります。つまり事業構造の再構築に取り組むことが喫緊かつ最重要な経営課題といえます。

♠事業構造部位の拡大に取り組み企業体の存立基盤を強化する

　事業構造部位が異様に縮み、その円が小さくなることは、企業体の土台＝存立基盤の崩壊につながります。

　事業の円に対して非常に大きくなった経営や管理の円を小さくするため、人件費削減といった消極的なリストラに取り組んできましたが、この程度では根本的な改革はできません。事業構造の再構築という積極的なリストラに取り組み、事業構造部位を拡大することが至上命題です。

　そこで、いま社長が最も時間とエネルギーを傾注しなければならないのが、次の点です。

(1) 自社の事業構造部位を凝視する。
(2) 商いの原点（つくる≡うる）に着眼する。
(3) 商いの原点から発想し、対策を練る。

【図表4　企業体の再設計】

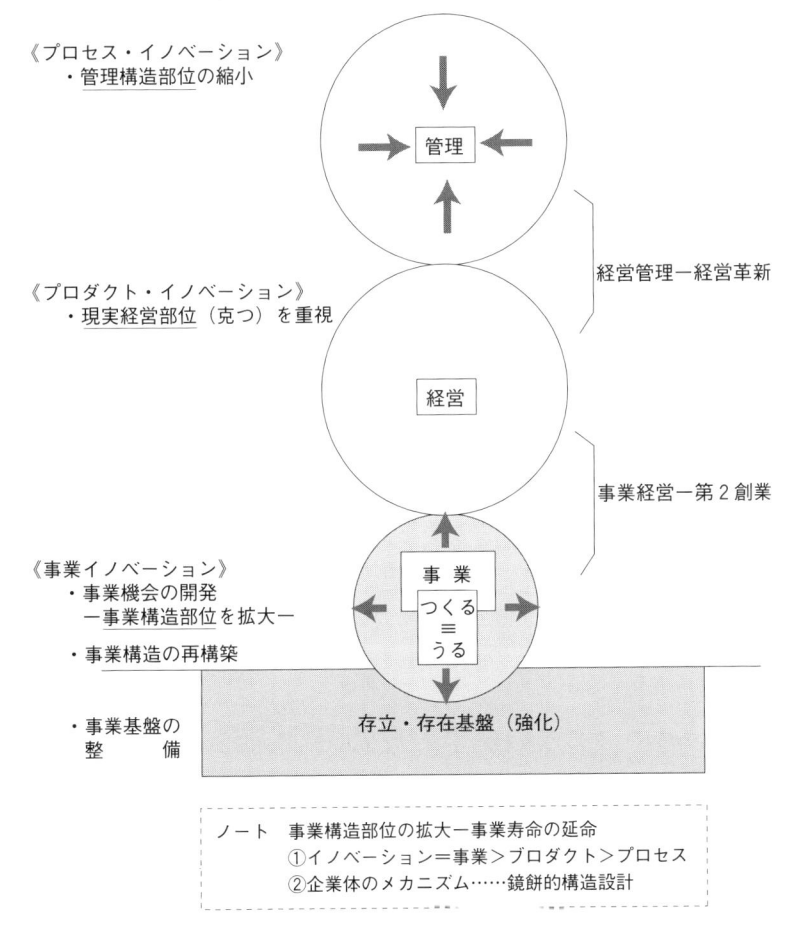

《プロセス・イノベーション》
・管理構造部位の縮小

《プロダクト・イノベーション》
・現実経営部位（克つ）を重視

《事業イノベーション》
・事業機会の開発
　―事業構造部位を拡大―
・事業構造の再構築
・事業基盤の整備

管理

経営

事業
つくる＝うる

存立・存在基盤（強化）

経営管理―経営革新

事業経営―第2創業

ノート　事業構造部位の拡大―事業寿命の延命
　①イノベーション＝事業＞プロダクト＞プロセス
　②企業体のメカニズム……鏡餅的構造設計

このように事業構造部位の拡大と強化のため、積極的リストラに取り組むことこそ「第2創業」であり、リカバリー戦略そのものです。

♠遂行責任より「結果責任重視」の経営姿勢で臨もう

　もう一つ大事なことは、責任遂行より結果責任を重視する時代がきたことです。これまでであれば、一所懸命に仕事をやっておれば儲かったのですが、これからは、一所懸命に仕事をやったからといって、儲かる保証はありません。しかも儲からなければ結果責任を負わなければなりません。

　これは当たり前のことですが、従来とは比較にならないくらい結果責任を重視した経営姿勢で臨むことが必要です。規模の大小にかかわらず経営者も、こ

の結果責任から逃れるわけにはいきません。

　特に、中小・中堅企業のオーナー社長は、生命と金（財産）を企業につぎ込んでいる以上、儲からないからといって逃げ出してしまうわけにはいきません。

　ですから、自社の事業構造の再構築に歯を食いしばりながら懸命に知恵を絞り出す以外にないのです。

♠業界の異端者であることに躊躇しない

　事業構造の再構築をやる場合に、業界の異端者や業界を知らない経営者のほうが優れているという事例を紹介しましょう。

　"カットのみ10分1000円"の理容美容室チェーンを展開して、業界内に旋風を巻き起こしてきたキュービーネット社の小西社長は、「既存の業者に進出を反対されるのは、うちが顧客の支持を得ているからです」といわれます。

　この言葉は、これから事業構造の再構築に取り組み、第２創業を実現しようという場合、タテ割りの業界常識だけに寄り掛かっていては無理だという答えです。業界のなかで、異端者的考動をとることをお勧めするゆえんです。

　なぜならば、「こうすれば、こうなる」という常識論、既成の概念からは、先見性も生まれないし、事業機会との出会いもないからです。

　そこで、社長に"ヘソ曲がり考動"をお勧めします。そのポイントは、次の３点です。

(1) 考え方……データにとらわれず、"ヒラメキ""カン"を重視します。机上で世界経済やアメリカ経営学の知識を仕入れるより前に、街（現場・現地）に出ること、そして身近なところで頭を使って知恵を出すのです。
(2) ものの見方……皆が一斉に右を見るとき、逆に左を見ます。
(3) 考動……人の行く裏道を行きます。

　この"ヘソ曲がり考動"は、マネジメントのノウハウに優先する意識革命であり、一般の常識や業界の常識の枠を越える自力革新でもあります。

　この自力革新のポイントは、次表のとおりです。これを徹底するには、勇気がいりますが、この行動が事業構造の再構築に不可欠なのです。

自力革新項目	ポイント
(1) 考え方を変える 　―意識革命	・売るよりも得る（情報・信用・共鳴共感・固定客） ・とるよりも与える（お客様からみた価値） ・金儲けより金使い（未来に視点をおいた核開発への先行投資）
(2) 見方を変える 　―偏りのない情報収集	・オモテ（公式）よりウラ（非公式）情報 ・枠の中より枠の外（他の業界、虫瞰より鳥瞰）
(3) 行動を変える 　―慣習的・惰性的行動を断ち切る	・人がやらないことをやる ・人と反対のことをやる

10 お客様の立場で生き筋(活路・針路)をみつけよう

> **カンどころ**　市場重視・顧客視点へと変わったいま、いついかなるときも、お客様の身になって考え行動することが不可欠。この転位深慮の実践が求められています。

♠商いは"転位深慮、傾聴実践の考動"から

　経営幹部の方々は、とにかく既成の概念、固定観念というものを捨ててください。そして、商いの原点に着眼し、原点から発想することを提案します。勝ち組になる方程式を解くカギは、図表10（44頁）・11（46頁）の試行錯誤の考動にあります。

　商いは、"転位深慮、傾聴実践の考動"がキーポイントですから、お客様がなにを考えているのかがわからなければ、新製品の開発も、市場の開拓もできません。そういう意味で、公式情報を集めて、評論家みたいな議論をするのではなく、現場へ出て、目でみて現場情報を集める、つまりお客様に接してお客様の声を聞くことです。

　とにかくお客様の立場に立って、どうするかを考えることが肝心です。

　そしてヒント・きっかけをつかんだならば、それを即実践に結びつけるといった考動をとることです。

♠いまは素人的発想が「かつ」

　職能部門（タテ割組織内）の専門家である経営幹部の方は、その道の専門家でない筆者がコメントしたり、アイデアを出しても、なかなか受け入れてくれないことが多いのです。鼻の先で笑われることも少なくありません。

　こんな事例があります。

　建設会社は典型的な受注産業ですから、受注に波があります。受注がないときは困ってしまいます。そこで、20年来建ててきた住宅や住宅兼事務所のメンテナンス、いまでいえばリフォームをやることによって固定費をカバーすることを提案しました。しかし、一級建築士、二級建築士といわれる建築の専門家から、「我々は2億、3億の仕事をしているんだ。先生なにいってんですか。1千万や2千万の仕事なんかできますか」と、笑われました。

　ご存知のとおり住宅産業というのは、クレーム産業といわれています。別会社にして、10年前に建てたお客様のところに行くと、「実は、ここが悪いんだ

よ。なんとかしてほしい」といわれます。百万円未満の予算内ならばお客様の奥さんの決裁で、仕事が受注できました。

　このような調子で、別会社は、売上はわずかでしたが、かなりの利益が出たのです。

　この事例は、「俺は○○の専門家だ。業界の専門家だ」なんていっていると、お客様は自社離れを起こしかねませんから、お客様の立場からの発想が重要なことを示唆しています。

♠素人発想で異端者的考動をとろう

　いま流行りの地味婚ならぬ地味祭壇・地味葬による葬祭関連事業に乗り出した会社、ニチリョウの寺村社長は、「この業界にいる以上は、トップを狙いたい。トップを狙うには、同じことをやってちゃ勝てませんよ。もちろんご遺体の取扱いとか葬儀の進行とかは、従来どおりの方法でやらなければ困る部分がありますが、それ以外は業界の常識にとらわれない素人的発想を大いに生かしていくつもりです」と述べています。

　このニチリョウもそうですが、業界の中で異端者的考動を取っている企業が伸びています。同業者とばかりでゴルフやパーティーなどを行うのはやめて、素人の集まりともいえる異業種の人たちの集まりに顔を出し、違う発想に接して刺激を受けることのほうが大事だということです。

♠徹底して「商いの道」を探そう

　イトーヨーカ堂の鈴木社長は、「商いというものは、当たり前のことを素直に自分の考え方で自分で考えることだよ」といわれます。

　当たり前のこととは、商いの道です。では、商いの道とはなんでしょうか。

⑴　まずお客様の役に立つことを考える。
⑵　お客様を満足させることを考えて、行動する。
⑶　それから、決してお客様をだまさないこと。

　これが当たり前のことをやる道です。そういう意味で、この三つをチェックポイントとしていただきたいのです。難しいことを考える前に、当たり前のことを当たり前に考えてやればよいのです。

　鈴木社長の自分の考え方で考えるという言葉に、筆者は自らが動くことを付け加えます。というのも、中小企業は、社長が動かなければ、下は動かないからです。

11 社長は志・精神を活性化しその浸透を図ろう

カンどころ 会社の将来は、社長の志（夢・思い）いかんで決まるものです。この志が喪失したり活性化しないと、ベンチャー的な元気印の会社には再生できません。

♠ベンチャー企業と一般中小企業との違い

図表5（次頁）は、松田修一早稲田大学大学院教授がまとめられたベンチャー企業と一般中小企業との比較一覧表です。

これをみてびっくりすることは、40年前にコンサルタントとしてお手伝いをしていた頃ベンチャー企業だった会社が、数十年後のいま、一般の中小企業並みの会社になってしまった事実がみられるからです。

誰しも会社を設立したときには、何らかの夢（ロマン）をもっていたはずです。しかし、起業家の夢、あるいは志の強さ・高さによって、典型的なベンチャー企業になるか、典型的な一般中小企業になるかが決まるということを示しています。

松田教授は、経営者の思いと志を継続することの大切さを指摘されていますが、筆者も経営者の飽くなき向上心の大切さを改めて痛感します。

♠商いは志である

前述のとおり商いは、志であり、思い入れ以外のなにものでもないと思います。しかし、いつの間にか、科学的管理法を重視して効率経営を進めてきたせいか、経営は分析という方向に曲げられてしまっています。

松田教授が、ベンチャーには夢、つまり志の高さと感性が絶対に必要だと指摘されるように、第2創業に挑戦するにしても、経営者（起業家）には志（夢とか、ロマン）が必要不可欠です。志の実現のためには、仕組みを構築し、その志に向けて組織を一体化し、短期間にいかに達成するかという思いを持ち続けていかなければなりません。

♠社長の「思い」が元気印の会社をつくる原動力

消費不況にあえぐ流通業界のなかで一人気を吐いている100円ショップの大創産業の矢野社長は「いまは思いの時代なんですよ。業態とか、システムとか、マニュアルとかではなく、経営者の思いが価値を決める。マクドナルドの藤田

【図表5　ベンチャー企業と一般中小企業との違い】

構成要素	ベンチャー企業	一般中小企業
①夢（ロマン）	志高く、強い夢（ロマン）あり	志低く、夢（ロマン）少ない
②成長意欲	夢を実現するための強い成長意欲	成長意欲はそれほど強くない
③リスクへの挑戦	果敢なリスクへの挑戦	リスクを回避し、挑戦意欲低い
④事業の選定姿勢	成長事業を意識的に選択	能力の範囲内での事業選択
⑤製品・商品の独創性	製品・商品に独創性あり	製品・商品に独創性なし
⑥市場・顧客の創造性	新規の市場・顧客の創造に積極的	既存の市場・顧客の開拓・拡大
⑦経営システムの革新性	経営システムに独特な工夫あり	特別な経営システムを使用せず
⑧事業の社会性	環境問題を含む事業の社会性重視	社会貢献をそれほど意識せず
⑨事業の国際性	世界に通用する事業展開を志向	世界への飛躍は考慮外
⑩事業の独立性	事業の独立性は強く、他社に依存せず	事業の独立性低く、他社依存型
⑪設立経過年数	設立あるいは新事業進出の若い企業	設立経過年数長い停滞企業
⑫経営者	上記の特性を引き出す牽引車であり、年齢が若いか、深くかつ幅広い技術などの能力の所有者	年齢には関係ないが、際立った能力がない
⑬経営陣の状況	専門家も参画し最適経営陣組成	専門家が少なく、経営陣能力低い
⑭従業員の状況	平均年齢低く、従業員急増	平均年齢高く、従業員増加せず
⑮企業規模の拡大	高い成長力の維持	景気の波を受け成長力低い
⑯企業収益の状況	高い利益率と先行投資重視	低い利益率と現状維持
⑰企業組織の活力	若者採用多く、活力あり	従業員採用少なく、組織停滞
⑱資金調達方法	ベンチャーキャピタルなどリスクマネー活用	中小企業金融など融資中心

（資料出所）「ベンチャー企業」松田修一著（日本経済新聞社）

田さんや、イトーヨーカドーの鈴木敏文さんに、強烈な思いがなかったら、ハンバーガーやコンビニなど日本には根付かなかった」といわれています。

　まったく同感です。元気のない会社の社長は、概して夢がなく、志がありません。ここが問題なのです。

　30年ほど前に、コンサルティングでお伺いしたＳ社とＵ社は、当時、規模（売上や従業員）もまったく同じくらいで、扱う商品は、Ｓ社のほうは耐久消費財、Ｕ社のほうは雑貨でした。

　ところが30年後のいま、彼我の差が出てきています。Ｓ社は、企業規模を縮小して、細々と家業経営をやっています。これに対してＵ社は、株式を第１部市場に上場し、いまや優良企業になっています。

　この差は一体なにでしょうか。先に取り上げた社長の意識の差と、もう一つは後述する精神の有無です。それが組織の末端にまで浸透しているかどうかです。やはり、社長の意識と精神をいかに末端まで浸透させ、これを共有するか

がキーポイントです。

♠大切なのは五つの精神を活性化すること

元気印の会社をつくるためには、次の五つの精神を活性化することです。

この五つの精神が、いつの間にか滅失したり、ふやけていくと、一般の中小企業並みになってしまいます。儲からないと嘆いている社長のほとんどが、この五つの精神の活性化策に欠けています。これが問題なのです。

(1) ハングリー精神

ハングリー精神とは、チャレンジャー精神で、現状に安住せず、あくなき向上心をもって、未来に向かって新たな価値を創造し続ける精神をいいます。

この精神の有無と活性化の程度をチェックしてください。

(2) 利他の精神（自利の追求ではなくて利他の精神）

利他の精神とは、自分の利は後に回して、お客様に利（便益）を先に与えることをいいます。

51対49の法則（利他の追求51％、自利の追求49％）に基づき、ほんの2％でいいですから、相手の利益を重視する精神で物事を思考し、行動してください。

(3) 創業の精神

後継者が創業者の後を継いだ場合、事業を固める、守ることに終始せず、新たな事業を起こし、創造していく自主自立の精神と、新たな事業を起こす創業者精神を忘れてはなりません。これはＤＮＡともいわれ、先代経営者の志と操を継承し、これを活性化させていくことを意味します。

社長自身がいつの間にか守りの姿勢に入り、分析屋や評論家になっていないか、常にセルフチェックを忘れないでください。

(4) ベンチャーの精神

ベンチャーの精神とは、他社と異なる考動をとり、イノベーター、クリエイターとして冒険する開拓者精神のことをいいます。この精神をもって事に臨むことが忘れられがちです。

第2創業へ挑戦するとなれば、ベンチャー精神を活性化して臨まなければなりません。

(5) 先駆けの精神

先駆けの精神は、競合するライバル企業より、一歩先をみて、半歩でも先を歩む、先手必勝の精神をいいます。常に、この精神を堅持しているか、また勝つことに挑んでいるか、セルフチェックが欠かせません。

12 社長道（商いの天・地・人）を歩み前途を拓こう

> **カンどころ** 元気印の象徴（シンボル）は、志・夢・思い・願望（Want）です。社長は夢見る夢男さんであってほしいのです。

♠Want・Must・Do考動で前途を拓こう

高度成長時代は、"プラン・ドゥ・シー・アクション（Plan Do See Action）"のサイクルを回す管理行動を重視してきました。

しかし、これからは、管理行動ではなくて、"ウオンツ（Want）・マスト（Must）・ドゥ（Do）の経営考動"を重視することです。いいかえれば、商いの天地人を身につけ、社長道を歩むことが重要です。

図表6（36頁）をみながら説明しましょう。

♠天（ウオンツ）―未来の反省で道を求める

商いでまず大切なことは、未来を反省し道を求めることです。反省といえば、過去のことになりますが、未来を反省するのです。未来の反省とは、自らのウオンツを明確にすることです。「こんな会社にしたい」というウオンツ（志・夢・願望）が明確でないと、なにをどうしてよいかがわからないからです。

未来をみつめ、2～3年先はどんな会社にするか、2～3年先の自分はどういう生活・人生を送っているか、自社・自分の姿を仮説構想します。そこから現在をみると、未来と現在との間にギャップがみえます。このギャップを埋めるためになにを追求していくかです。

このように、"はじめに経営者の仮説構想力ありき"です。ビジネス破壊で先がみえないときほど、ものの見方・考え方が非常に大切です。

商いはもとより、人生経営はたまた、家庭経営であろうと道を求めるには、まず未来（時代の流れ・カネの流れている方向）にウオンツというターゲットを明示することです。

♠地（マスト）―未来への先行投資で道を拓く

商いは、金儲けよりも金使いのほうが難しいものです。ですから、いま儲かっていないところは、概して2～3年、いや5～6年前からメシの種づくりに時間とカネとエネルギーの先行投資を怠ってきたといえます。

いわば、アヒルの水掻き部分がないのと同じですから、水の流れが急になると、流れに流されて、どこへ行くかわからなくなってしまっている状態になります。

商いはこれではまずいのです。なにをなすべきか（マスト）、それは未来への先行投資で道を拓くことです。第2創業となると、この先行投資の時間・金・エネルギーに余力がなければ、容易には実現できません。

社長は、余力のあるうちに、いや余力を蓄えつつ、今日のことよりも明日のメシの種づくりに腐心しなければなりません。

♠人（ドゥ）ー未来へ仰角30度の破格前進で道を歩む

未来へ仰角30度、仰角というのは仰ぎ見る角度をいい、破格前進とは、常識を破って前進することをいいます。未来へ仰角30度で、破格前進する（ドゥ）ことです。

リーダーである社長や経営幹部が困ったときに、頭をたれて、どうしようと悩んでいるだけではしようもありません。リーダーというのは、本当に困ったときほどニコニコと上を向いて歩かなければなりません。「俺についてこい」と後ろ姿で示さなければ、組織も人も盛りあがりません。

したがって、非常に苦しい場面に直面しても、社長が「困った、参った」といっていたのでは組織は萎縮してしまいます。空元気でもいい、張ったりでもいい、「俺についてこい」と一言いえる社長であることが強く求められます。あれこれと細かいことをいう前に、「俺のいうとおりやってみな、責任は俺が取る」といえる社長であることが望まれます。

♠社長には自ら緊張をつくり、それに耐える力が不可欠

社長には、企業家精神が不可欠です。それは不連続的な緊張を自らつくり、それに耐える力です。

企業家精神を涵養し、活性化するために、大局に着眼し、小事から着手する"ウオンツ・マスト・ドゥ考動"（商いの天・地・人）をぜひ身につけることです。

それには、社長自らが自らの企業家魂に火をつけることが先決です。それは、人間の行動のエネルギー源である「夢」「好き」「知恵」の三つの要素の活性化を意味します。

社長は、この三つの要素を活性化しながら、社長道を歩み前途を拓いてください。

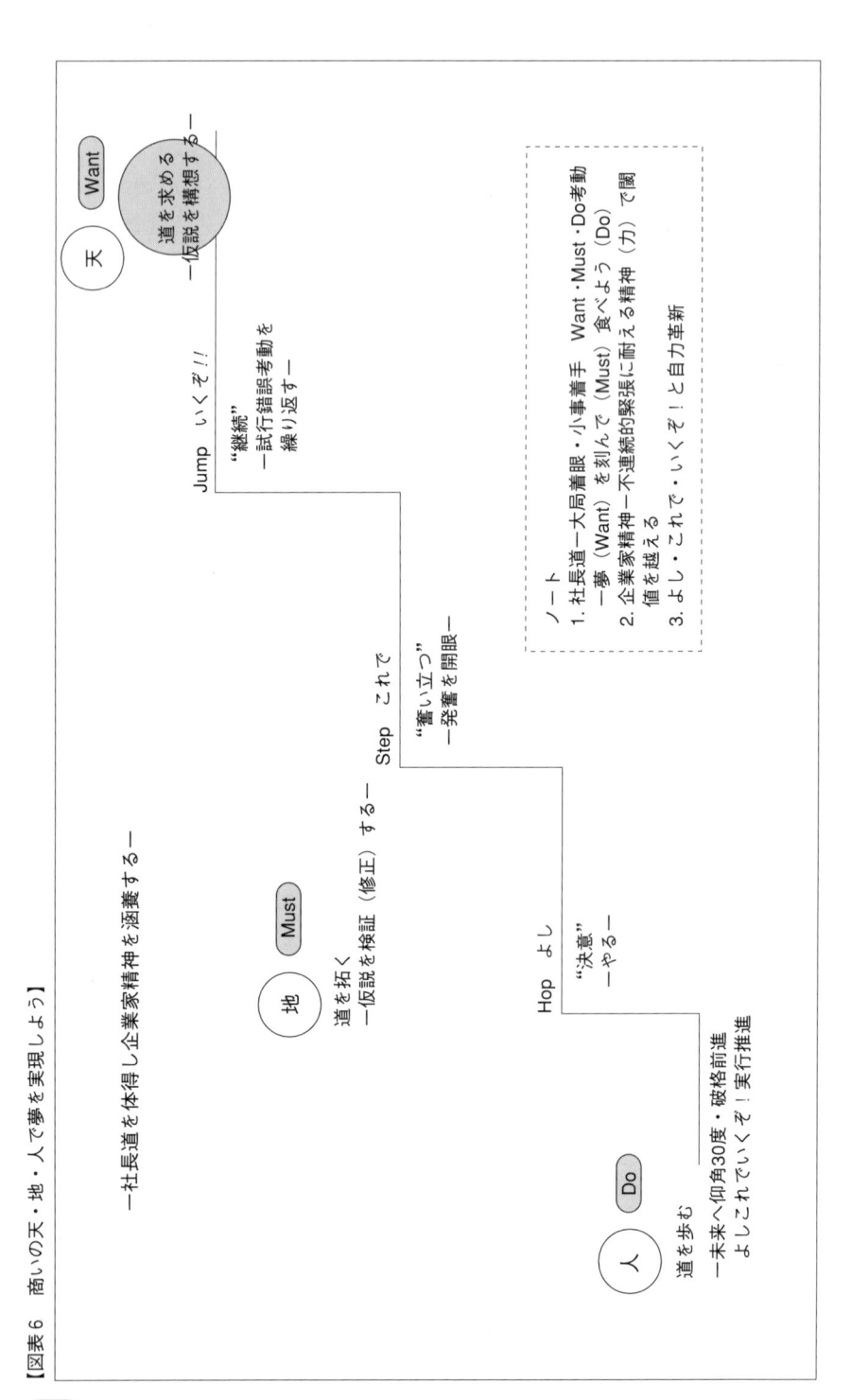

【図表6　商いの天・地・人で夢を実現しよう】

（天　Want）
道を求める
―仮説を構想する―

Jump いくぞ!!
"継続"
―試行錯誤考動を繰り返す―

（地　Must）
道を拓く
―仮説を検証（修正）する―

Step これで
"奮い立つ"
―発奮を開眼―

（人　Do）
道を歩む
―未来へ仰角30度・破格前進
よしこれでいくぞ！実行推進

Hop よし
"決意"
―やる―

―社長道を体得し企業家精神を涵養する―

ノート
1. 社長道―大局着眼・小事着手　Want・Must・Do考動
　―夢（Want）を刻んで（Must）食べよう（Do）
2. 企業家精神―不連続的緊張に耐える精神（力）で関値を越える
3. よし・これで・いくぞ！と自力革新

2 なにをどうすれば儲かるか?
－勝ち組になるための条件整備と寿命延命を図る設計図づくり

　第2創業＆経営革新で勝ち組になるには、①自社のライフサイクル上のステージに着眼し、事業寿命の延命を図る、②かつ経営の設計図が欠かせない、③この設計図をつくる試行錯誤考動には、情報を事業化するノウハウが必要です。
　そこで、勝ち組になるための四つの条件整備を中心に寿命の延命を図る設計図のつくり方についてまとめます。

1 下請より下支え的な生き残りを図ろう

>カンどころ 社長の"意識・精神の変革なくして前途なし"です。過去に成功した経験則や固定観念、既成のマネジメントのハウツウとはおさらばすべきときです。

♠サクセス・シンドローム症候群に陥ったA社

こんな事業再生事例があります。

1997年の秋以降、大幅な売上減に見舞われたA社は、それまでに成功した事業を大事にしすぎるという、サクセス・シンドローム症候群の典型でした。つまり新しい事業に投資するよりも、現在の事業の強化に経営資源を注いできましたが、ビジネス破壊に見舞われた途端に大きなダメージをこうむったのです。

A社のように、エクセレント・カンパニーといえども、既存の事業に胡坐をかいていたらだめになるという事例です。同じ理由で、多くの日本の企業が不振にあえいでいます。

このA社は、独自の工法で成長してきた電気器具メーカーですが、大手と取引を重ねるうちに、いつしか協力会社から単なる下請会社へと棲息の仕組みが変わってしまったのです。このパターンもよくある例です。

下請になっても、外部環境の好調に支えられて、設備の拡張と増員を繰り返してきました。そして、Dデリバリー(納期)、Qクオリティー(品質)、Cコスト(原価)を対象とする生産管理技術の向上に会社をあげて取り組んできました。

A社の問題は、好調の間に、独自の工法に寿命がきていたにもかかわらず、プロダクト・イノベーション(新製品開発)や、新しい工法の開発を怠ってきたことにあります。

♠下請から下支えへの脱皮を図ったA社の道筋

事業再生という課題に直面したA社は、幸い会社の信用力(オーナーの個人財産や人柄)に強みがあったので、これをバックに下請企業から下支え企業への脱皮を図ったのです。

その道筋は、次のとおりです。
(1) 規模の縮小と大幅な人員の削減をハードランディングにより断行し、とにかく収益構造の再構築を急ぐ。
(2) 当面はどこもできない、やらない、お客様の無理難題(ニーズ)に応答

する超下請に徹し、必要最低限の受注量を確保する。
(3) 数年後には、下支え（サポート・インダストリー）企業へと脱皮するために、事業の生き筋となる商品、ノウハウ・工法をみつけて開発する。

A社の下支え企業への脱皮は、お客様が自分のところで解決できない困難なものをサポートすることを狙って、次のような方針で臨んだのです。
(1) いわゆる匠の技術、使いこなしの技術を活性化する。
(2) 多種少量生産のためコスト高になってしまう得意先をサポートする。
(3) 設計変更が頻繁で対応が難しい、いわば小回りが利かないものをサポートする。
(4) 自社開発よりアウトソーシング（外部の知恵や資源の活用）でローコスト経営が図れるような客先の支援に狙いを定める。

♠下請企業は下支え的な生き残り策を考えよう

下請企業の生き方に対し、評論家の諸先生方は「やれ新製品開発だ」と異口同音に勧めます。しかし、現実的には"言うのは易いけれど、行うのは難しい"問題です。ですから、下請企業に対しては、A社のように下支え的な生き残り策を考えることを提案いたします。

ところで、せっかく下支え企業への脱皮を図ってきたA社は、またまた難問に直面をすることになりました。それは、大手メーカーが盛んに手を出し熱心に進めてきた中国からの部品調達の低コスト攻勢が、一段と強烈になってきたからです。

A社は、再度の仕切直しを余儀なくされました。A社が、これから本当に勝ち組になるためには、もう一段の脱皮を図るため「積極的なリストラ」が必要になったのです。

♠飛べない水鳥からの脱却を図る

A社は、大量生産や省力化を狙った製造技術、設備の増強競争にしのぎを削ってきた結果、胴体が肥大化して飛べない水鳥となり、そのうえ棲翼場所に餌や水がなくなって身動きができない状態となってしまったのです。

この飛べない水鳥の状態から脱却するためには、翼を強化すること、つまりコア・テクノロジーを活性化して成長の核をつくるほかありません。その方向は、独自の技術（工法・製法）をもって、お客様の用途開発に資することです。

独自の工法で成長を遂げてきたA社は、いまは以前にもましてお客様からみた魅力ある技術領域（工法・製法）の再構築に取り組んでいます。

2 勝ち組になるための四つの条件を整備しよう

> **カンどころ** 経営者にいま求められることは、1にお客様への忠勤、2に耳聡(情報の収集力)、3に目利き(情報の加工・編集力)です。

♠勝ち組になるためには価格引上げか原価引下げに徹底的に取り組む

図表7は、ビジネス破壊に対応し克服するためになにをどうするかについて、そのポイントを概観したものです。

勝ち組になるためには、前述したようになんとしてでもPプライスをアップするか、徹底的にCコストをダウンする以外にありません。これを同時にやるのが望ましいのですが、できなければPのアップかCのダウンのいずれかに徹底的に取り組むことです。

新たな価値を創造してPのアップを図ることが第2創業、ローコスト・オペレーション構造を再構築してCのダウンを図るのが経営革新です。明日は必ず新たな価値を創造してPのアップを図る。と同時に、今日は早急にCのダウンに取り組まなければ、勝ち組にはなれません。

♠勝ち組になるためには四つの条件整備が不可欠

勝ち組になることを願うならば、図表7に掲げるように、次の四つの条件整備が不可欠です。

(1) まず大切なのは、新たな価値の創造です。なぜなら、事業経営の成功の秘訣は、価値の創造にあるからです。
(2) 次に、事業機会の開発です。他人が見落としている機会をみつけ、その機会をものにします。これは新しい価値を創造する機会を開発することです。
(3) そして得手に帆をあげる、すなわち自社の得意技を磨いて、その得意技に帆をあげることが大切です。弱点の補強よりも長所伸展が肝心です。
(4) 最後に、最も大切なのは、情報の事業化です。これからの事業経営の資本は、お金以上に情報がキーポイントです。いろんな情報を集めて、加工・編集し、これを提案するといったノウハウを駆使して、勝ち組になるための実践解(実践的な解決策=処方箋)を求めます。

☞ 得手に帆をあげるとは、得意なことができる好機を迎えて調子に乗るとか、得意なことを調子に乗ってすることをいいます。

【図表7　勝ち組になるための四つの条件】

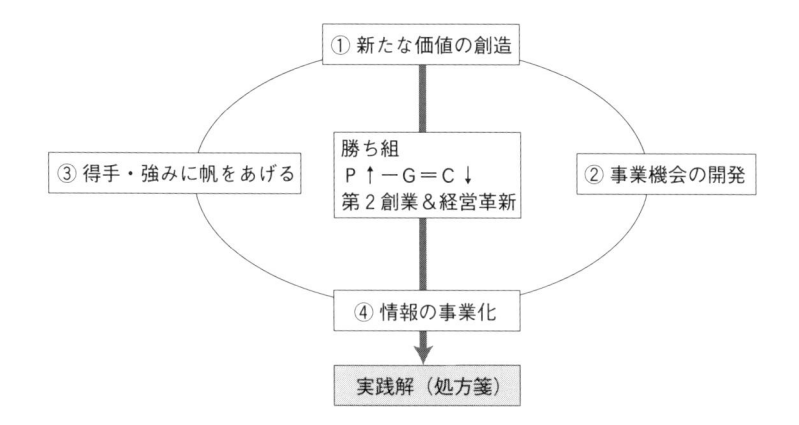

```
        ① 新たな価値の創造
    ┌─────────────────┐
③ 得手・強みに帆をあげる │ 勝ち組        │ ② 事業機会の開発
    │ P↑－G＝C↓    │
    │ 第2創業＆経営革新 │
    └─────────────────┘
        ④ 情報の事業化
              ↓
        実践解（処方箋）
```

♠対症療法でなく根本治療こそ勝ち組になる近道だ

　昨今のビジネス破壊への対応や克服には、対症療法ではなく、根本治療こそが勝ち組になる近道です。（図表8・次頁）

　それは、なにで儲けるかを考えるより前に、「どこで、どう棲息するか」というインフラ（存立基盤と存在基盤）の整備と、「棲息する在処」を探すことのほうがより大事だからです。

　そこで、自社の事業のライフスタイル上のステージ（成長期・成熟期・衰退期）をつかみ、いま打つ手（贏つ、克つ、勝つ）を考えます。

　そのポイントは、みえる問題の解決ではなく、みえない事業機会（ビジネスチャンス）の開発に取り組むことです。

♠根本治療には三つの思考態度が不可欠

　次に掲げるのは、社長や経営幹部に必要不可欠な三つの思考態度です。

(1)　何事も目先にとらわれず、できるだけ長い目でみる。
(2)　物事の一面や部分にとらわれず、多面的かつ全体的に考察する。
(3)　物事の現象や枝葉末節にとらわれることなく、根本的本質的にみる。

　この三つの思考態度を堅持することが、第2創業という難題に取り組み、元気印の会社づくりには不可欠です。

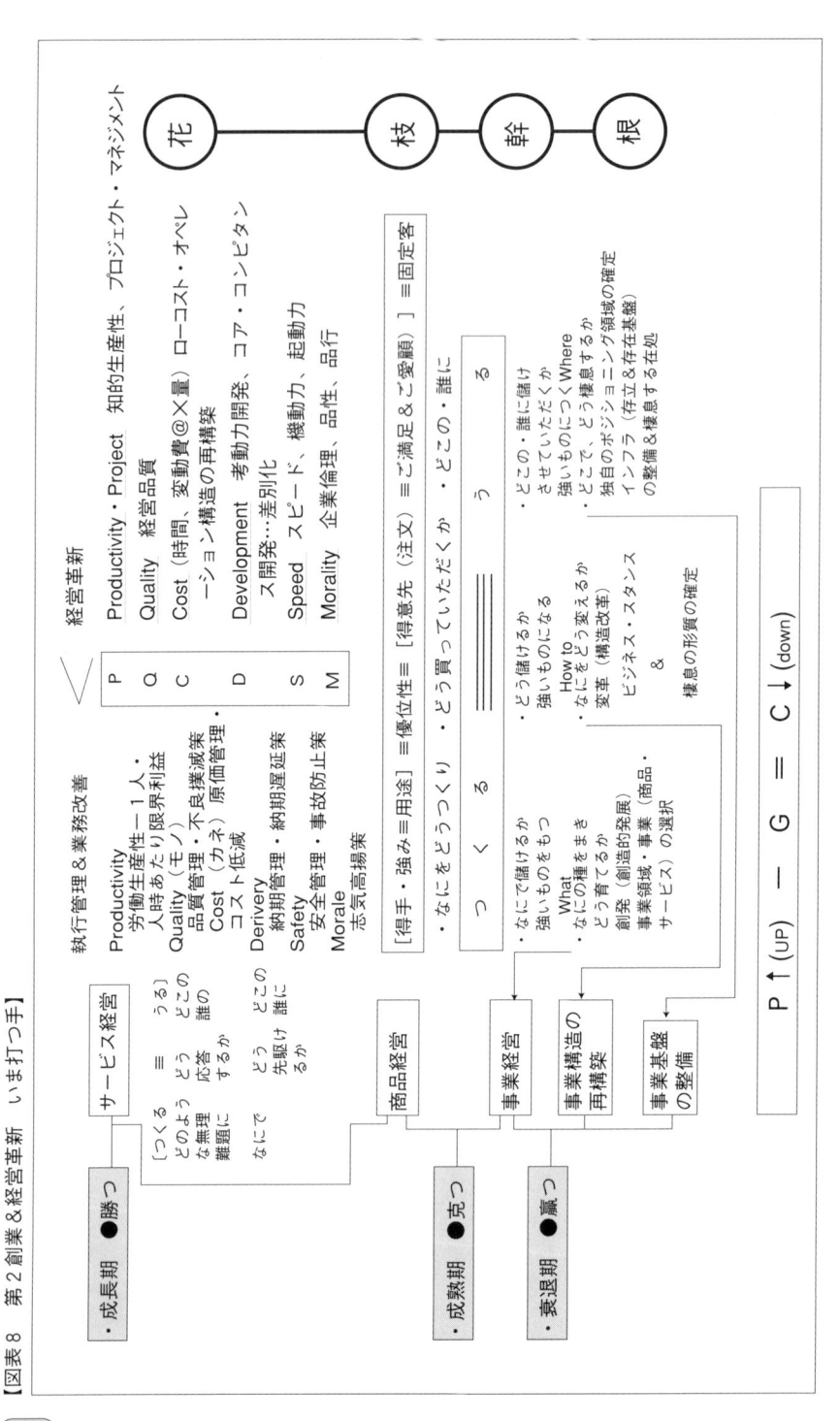

【図表8 第2創業＆経営革新 いま打つ手】

花 ── 枝 ── 幹 ── 根

経営革新
P Productivity・Project 知的生産性、プロジェクト・マネジメント
Q Quality 経営品質
C Cost（時間、変動費＠×量）ローコスト・オペレーション構造の再構築
D Development 考動力開発、コア・コンピタンス開発…差別化
S Speed スピード、機動力、起動力
M Morality 企業倫理、品性、品行

執行管理＆業務改善
Productivity
　労働生産性＝1人・人時あたり限界利益
Quality 品質管理（モノ）・不良様減策
Cost（カネ）原価管理・コスト低減
Derivery 納期管理・納期遅延策
Safety 安全管理・事故防止策
Morale 志気高揚策

[得意先＝用途][優位性＝得意先（注文）＝ご満足＆ご愛顧][＝固定客]
・なに・強みをもつくり ・なにをどうつくか ・どう買っていただくか ・どうの・誰に

つくる
・なにで儲けるか
　強いもの・強いものをもつ
　What
・なにの種をまき
・どう育てるか
　創業（創造域）
　事業領域（商品・サービス）の選択

うる
・どう儲けるか
　強いものになる
　How to
・なにをどう変えるか
　変革（構造）改革
　ビジネス・スタンス
　＆棲息の形質の確定

うる
・どこの・誰に儲けさせていただくか
・強いものについてWhere
・どこで、どう棲息するか
　独自のポジショニング領域の確定
　インフラ（存立＆存在基盤）
　の整備＆棲息する在処

サービス経営
[つくる][うる][どこの・誰の]
どのような・無理難題に応答するか
なにで
どう先駆けるか
どう・誰に

商品経営

事業経営

事業構造の再構築

事業基盤の整備

・成長期 ●勝つ

・成熟期 ●克つ

・衰退期 ●贏つ

P↑(UP) ー G ＝ C↓(down)

3 新たな価値の創造に挑戦しよう

> **カンどころ** 商いは金儲けより金使いのほうが大切であり難しいものです。明日の事業・商品・サービス・技術の開発に注力してください。

♠排水浄化装置の開発に強い思い入れをもち取り組んだJ社

　新しい価値の創造は、容易ではありません。といって挑戦しないでよいというものではないのです。

　J社のT社長は、かつて中華料理店をやっていた当時、大変だった油汚れや溜まった側溝の掃除を何とかしたいと思い、いまから20年ほど前に廃水処理の研究を始めました。某大学の教授に頼み込み、研究室に通うほどのめりこんだのです。

　自分の店のことよりも、生活廃水による水質汚濁問題を解消するため、排水の浄化装置の開発に強い思い入れをもち、これに取り組みました。お店のほうは、奥さんに任せて、3年間くらい試行錯誤をした結果、ある鉱物を原料としたセラミックスに、排水を浄化すると同時に、おいしい水をつくる機能があることがわかりました。

　これは、一般家庭に売れると確信をもったT社長は、1985年にJ社を設立し、本格的に商品開発に取り組みました。しかし、実用化するには耐久性に優れたセラミックスを開発する必要があったため、さらに3年間、原料とか添加物質、焼成方法についての研究を続け、ようやく88年に多機能の水処理器として、活水器「新ん泉」を完成させたのです。

　1982年から88年まで6年間、お店は奥さんに任せっきりで、自分は24時間勤務をしてようやく、活水器「新ん泉」（浄水器と違って、水道のメーターの隣につける）を開発したのですが、これがなかなか売れません。

　T社長は、販売力を強化するため、当時の通産省、厚生省、農林水産省の認可を取り、設立した環境システム事業協同組合（中小企業等協同組合法に基づく事業協同組合）を通じて販売するシステムを構築しました。

　しかし、環境が危機だと世間で騒がれているわりに、理解がなかなか得られません。家庭や会社で取り付けて、水を浄化しようというところが現れないのです。中央官庁の認可を受けた環境システム事業協同組合でも、なかなか売れませんでした。

　ここ2～3年、環境問題がクローズアップされるにつれ、ようやく売上が上

【図表9　利益曲線】

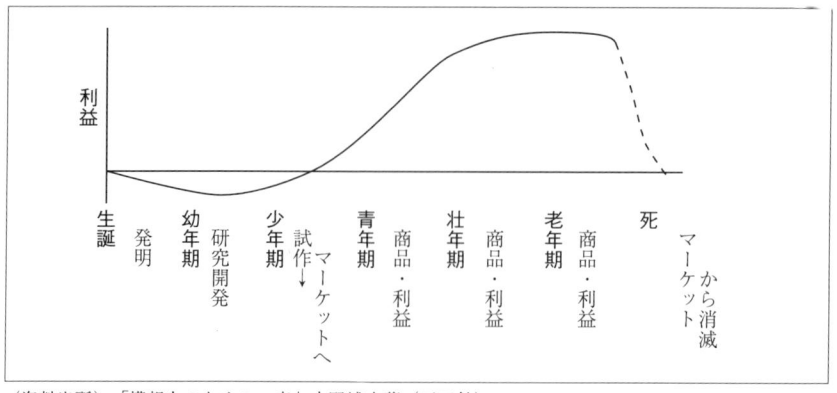

利益／生誕／発明／幼年期 研究開発／少年期 試作 マーケットへ／青年期 商品・利益／壮年期 商品・利益／老年期 商品・利益／死 商品・利益 マーケットから消滅

（資料出所）「構想力のための11章」水野博之著（三五館）

【図表10　商いの原点に着眼し、原点から発想する】

役職位別役割＼商いの原点	つくる	≡（つながる）	うる	商略・戦略
経営トップ　贏つ	強いものをもつ	強いものになる	強いものにつく	事業商略・戦略
経営幹部　克つ	なにをどうつくり	どう買っていただくか	どこの・誰に	経営戦略（事業≡市場）
経営幹部　克つ	どのような無理難題に	どう応答するか	どこの・誰に	顧客満足戦略
基幹職　勝つ	なにで	どう先駆けるか	どこの・誰に	競争優位戦略

向いてきました。一般家庭に活水器が普及しだしたのです。

　Ｊ社は、1988年から現在まで、実に14年を経過しています。歴史的にみると、開発に６年、立上げに14年、すでに20年の歳月を費やしたことになります。

　新たな価値の創造と口でいうのはやさしいことですが、飽くなき執念で取り組まないと、容易でないというのがＪ社の事例です。

♠商品は生誕から少年期・青年期に至る期間が非常に大切

　図表９は、商品のライフサイクルでみた利益曲線です。

　商品の生誕（発明）から始まって、幼年期の研究開発、少年期の試作からマーケットへ、青年期の商品だけでなくて利益創出へ、壮年期が利益が横ばいだと老年期になって利益幅が大幅に落ち、いずれは死に至ります。

　私たちは、ともすれば、この青年期以降の、売上や利益ばかりを求めがちです。しかし、それ以前の生誕から少年期・青年期に至るまでの間の先行投資が

非常に大切なことを認識されていないのです。

現在、儲かっていない会社は、商品が青年期に達するまでの間に本気でメシの種づくりをやってきたかどうか、いざのときの復元力を開発してきたか本気でどうかをよく考えてみてください。

商いは、金儲けに走る前に金使いが大切だといわれます。いまからでも遅くありません。明日の事業・商品・サービスの開発に注力しましょう。

♠新たな価値の創造は、生き残り策として不可避

価値の創造が容易でないのは、J社の事例でみたとおりです。価値を認めてもらうまでには、かなりの歳月を要するものです。といって、新たな価値づくりに取り組まなければ、勝ち組にはなりません。生き残るためには、挑戦するよりほかないからです。

問題は、J社の事例のように時間に余裕がない場合、生誕から青年期までの期間をどう短縮するかです。その解決のキーポイントは、「商いの原点に着眼する」ことです。

♠期間短縮のポイントは「商いの原点に着眼する」こと

商いの原点は、図表10でおわかりのように、"つくる"と"うる"とが真ん中の3本の線でつながります。"つくる≡うる"という商いの原点に着眼し、三つの価値を創造します。

三つの価値とは、"つくる"は「なにで儲けるか」です。"つながる"は「どう儲けるか」です。"うる"は「誰に儲けさせてもらうか」です。

もう少し詳しくみると、"つくる"とは「お客様からみた価値をつくる」ことです。"つながる"とは「価値をつくるためのノウハウ（経験的価値）」が必要です。"うる"とは、J社で問題だったどこの誰にどう買ってもらうか、どこの誰にどう儲けさせてもらうかを明確にすることがポイントです。

このように、常に商いの原点に着眼し、原点から発想をして、三つの価値を創造していくわけですが、なかでもお客様からみた価値づくりがなにより大切です。

その次に大切なのが、この価値をどう創造していくかというノウハウです。ノウハウは、経験的な価値ともいい、試行錯誤を繰り返すことによって、身につくものです。この経験的な価値を集中的に体得し、発揮することが期間短縮の早道です。ノウハウが自由に駆使できれば、最後に自社の事業価値・存在価値が認められて成果（売上・利益）が得られるようになるからです。（図表11）

4 新たな価値の創造はお客様の視点で取り組もう

> **カンどころ** 商品・技術の開発には、「思い入れ」が必要不可欠です。しかし物事の成就には、「思い込み」「思い違い」「思い上がり」は絶対禁物です。

♠お客様からみた価値創造が起点

いままではつくったモノを売る、いわゆる商いの原点（つくる≡うる）のなかを左から右へ流していました。しかしこれからは、売れるものをつくるにはコトを右から左へ流す、つまりお客様が真に求めるモノ・コト・用途という情報（宿題）を起点にしなければ、お客様からみた価値の創造はできません。

真ん中のつながる3本の線の意味は、1番上の線はお客様から情報（宿題）をもらうこと。すなわち、お客様が真に望んでいるモノ・コト・用途をつかむことです。

真ん中の線は、貰った情報（宿題）を解くこと。これがいわゆる情報の加工・編集であり、これには試行錯誤の時間がかなりかかります。

下の線は、貰った情報（宿題）に回答します。その結果報酬をいただくのです。

このように、従来の商いのやり方・考え方を大きく変えるという、いわば考動を逆さまにしないと勝ち組になれません。

また、この価値の創造は、自分勝手に考えるだけではなかなかうまくいきません。図表11のように"はじめにお客様の情報（宿題）ありき"です。

大前研一さんが「もともと商売などというものは市場のニーズを肌で感じ、それに適合した商品を自らつくって、自ら売るというところにその原始的形態がある」といっておられますが、まったくそのとおりです。

しかし、難問は市場・お客様のニーズとか、ウオンツという情報（宿題・み

【図表11　事業経営の成功の秘訣－価値の創造にあり！】
　　　　　はじめにお客様の情報（宿題）ありき！

商いの原点	つくる	≡（つながる）	うる
発　　想	なにで儲けるか	どう儲けるか	どこの誰に儲けさせてもらうか
三つの価値の創造	お客様からみた価値	経験的価値 （ノウハウ）	事業価値 （存在価値－成果）

えない問題）をどうつかむかです。

♠社会やお客様の「不」と「期」をつかむ

そこで、みえない問題（情報）をつかむには、社会やお客様の不満の「不」と期待の「期」をみつけて、それをつかむことです。

飛岡健さんは「仮説思考法」という本で、次のように述べています。

「人間の活動のエネルギーは、「不」と「望」だと表現することができる。つまり人間というのは、いま不満な点を改善したり、また希望していることを実行・実現したいということで行動を起こしているのだ。特に商品開発や技術開発などにかかわるマーケティングの基本は、この「不」と「望」を時代に即して、意識的に正しくとらえる作業を行うことだ」（飛岡健著「仮説思考法」ごま書房）。

私たちは、他人が見落としている社会やお客様の不満の「不」、期待の「期」、希望の「望」をつかむことに注力しなければなりません。他人の見落としている「不」「期」「望」をつかみ、これをモノにするということが機会の開発であり、これこそが、お客様からみた価値の創造につながるのです。

♠共の一字にこだわり前途を拓く機会をみつける

さらに、次の四つの「共」の一字を重要視することです。共の一字にこだわることが、前途を拓く機会をみつけることになるからです。

(1) 共生

事業経営は、社会や自然環境との共生を考えていかなければなりません。

(2) 共育

商いは、お客様から歓迎され、活かされながら育てていただくものでなければなりません。この共育姿勢で臨まなければ、商いは成功しないからです。

(3) 共創

商品経営は、お客様が求めているものをお客様と一緒になって考えて、共に価値をつくるという共創商品でなければなりません。

(4) 共鳴共感

お客様から共鳴共感を得るサービスのシステムをつくらなければなりません。

他人の見落としている「不」「期」「望」という機会をモノにするには、一人よがりの思いこみは禁物です。四つの「共」を忘れないでください。

5 みえない問題をつかみ課題にしよう

> **カンどころ** みえない問題を意識的にみる癖をつけることが視野の拡大につながります。図表12のチェックリストを経営幹部の宿題として活用してください。

♠みえない問題を意識してみる

　みえる問題というのは、計画と実績との差です。どこの会社の部門会議、経営会議、役員会に出ても、みえる問題ばかりが問題にされています。しかし、みえない問題を問題にしなければ、前途は拓けないと前述しました。

　そこで、みえない問題である明日のコミュニケーション・ギャップや明後日のアテンション・ギャップをみるためにはどうするかです。

♠みえない問題をみつけるためのチェックリスト

　図表12（51頁）は、みえない問題（情報）をみつけるためのチェックリストとして勧めているものです。
(1)　自社に対するお客様からの情報（宿題）がみえますか
　①　情報のなかでもコア・ニーズという真に求めているモノ・コト・用途は一体なにかをつかんでいるか。
　②　次に、お客様からの無理難題（ニーズ）をつかんでいるか。
　③　そしてクレーム（苦情）をつかんでいない部門はないか。
　こうしたお客様からの情報をみんなで共有することが重要です。
(2)　自社の事業・商品・サービス・技術の寿命はどれくらいなのか
　余命はいくばくなのか、これをつかみます。
(3)　自社の得手・強みは一体なにか
　この得手・強みをつかみ、共有することです。
(4)　自社のご本尊、すなわちお客様からみた価値や魅力の根源は一体なにか
　自社にご本尊はいるか。つまり、お客様からみた自社の魅力の根源はこれだというものを確認することです。
(5)　自社の固定客は、年間何％増えているのか、減っているのか
　増えている場合はよいとして、減っている場合は、年間の減少率からみて先行き5年間で現在のお客様はどうなるかをつかみます。

(6)　自社が属する業界で成功するための秘訣はなにか

　お客様の価値観が変わり、これまでは成功の秘訣が変わってきていますので、その内容（変わり具合）をつかみます。

(7)　自社が属している業界のクセはなにか

　業界にはクセがあり、業界の常識ルールがあります。これらの裏側に生き筋があります。業界に埋没するのではなくて、いまは業界の皆が歩む裏道を行くことが、成功につながりますから、これらをつかみます。

(8)　競争特性はなにか

　自社は、常にトップを走っているリーダーなのか、それを追いかけているチャレンジャーなのか、ニッチ市場で人のやらないことをやろうとしているのか、あるいは人がやることの後ろについているフォロワーなのか、競争上の地位をつかみます。

(9)　商品特性はなにか

　商品が素材型なのか・ブランド型なのか、市場深耕型なのか・新耕型なのか、その特性を確認します。

(10)　経営者自身の事業経営に対する思いはなになのか

　ただ儲けたいとか、売上をあげたいとか、利益が欲しいだけではなく、なにをやりたいのかという経営者の思いを明確にします。

(11)　いまなにに悩んでいるか

　本当の悩みは一体なになのか。悩みのコアをつかみ出して明確にします。

(12)　その他

　以上の(1)〜(11)の項目をチェックして、三つの事業機会と結びつけていただきたいのです。例えば、

・商機となれば、(1)、(10)、(11)
・契機は、(1)、(2)、(3)、(4)、(5)、(6)、(7)、(8)、(9)
・競合相手に勝つための勝機は、(1)、(3)、(4)、(6)、(7)、(8)

が大切です。

♠公式情報より臨場情報を集める

　ご存じのように、公式情報では本音や本質がわからないことが少なくありません。そこで、わからなければ、現場へ出て行くことです。お客様のところに出て行くのです。いろんな人（利害関係者）に出会い話を聞くと、自社の得手・強みなどを知ることもできます。

　そういう意味で、現場情報を大切にしていただきたいのです。このみえない

問題を意識してみるため、現場の情報等を集めていると、結果的に先を読む眼力を養うことになり、他人が見落としている機会をみつけることに役立ちます。

♠危機感と焦燥感が情報（宿題）をつかみ、事業をつくる

このみえない問題は、机上で勉強するだけでは、なかなかみえません。危機意識や焦燥感をもって、現場の情報に接することが必要です。明けても暮れても餌を求めて歩き回る雑種の子犬の探餌本能に近い危機意識と焦燥感が不可欠なのです。

「この危機感と焦燥感が事業をつくる。これがなければ事業はできない」と、おっしゃるのがセコムの飯田最高顧問です。

いうまでもなく、変化を先取りできなければ、企業は潰れかねません。この危機感・焦燥感がなければ、みえない問題は絶対にみえません。みえなければ、社会やお客様から活かされる事業はつくれないことを肝に銘じてください。

♠恐い情報遮断、社長はこんな点に気をつけよう

情報化社会のいま、「社内外の重要な情報が、必要なときに得られない」と頭を抱えている社長さんがたくさんいます。この情報遮断という状況は、場合によっては会社の屋台骨を揺るがしかねない非常に危険なことです。

では、情報遮断が起きないようにするには、どう対応すればよいかを考えてみましょう。

(1) 社長がほしいと思う情報ほど、あがってこないものだと承知してかかることです。その原因は、社長と経営幹部の意識の差にあります。前述の三つの意識（危機意識・当事者意識・課題意識）と情報感度とを経営幹部と比較してみれば自明のことです。経営幹部の情報感度に多くを期待することはできません。

(2) 経営幹部から社長にあがってこないとなると、社長自ら社長室を出て、社の内外を問わず現場に下りていくしかありません。

(3) 社長が努力しても、的を射た情報は思うように集まらないものです。そこで、多少手間が必要ですが、経営幹部各人に解決すべき課題について宿題を与えることをお勧めします。文章による報告では提出しない恐れがありますから、面談をして報告を聞き取るやり方がよいでしょう。

(4) このような過程を通して、社長（桃太郎）を補佐する情報参謀（キジ）を共育（共に育つ）するのです。

このほか、社外の情報通の人との交流は、欠かさないでください。

2 なにをどうすれば儲かるのか?

【図表12　みえない問題をつかみ、事業機会開発の課題にする】

下記のみえない問題のうち、いくつみえますか？みえるまで実態をつかんでください。

◎みえない問題の把握 → ◎問題の展開（課題化）―仮説の構築― ◎かつ三つの事業機会

・今日より明日・明後日の問題

(1) 自社のお客様からの情報

　・コア・ニーズ（真に求めているモノ・コト・用途）＿＿＿＿＿＿＿＿＿

　・ニーズ（無理難題）＿＿＿＿＿＿

　・クレーム（苦情）＿＿＿＿＿＿

(2) 自社の事業・商品・サービス・技術の寿命＿＿＿＿　余命＿＿＿＿

(3) 自社の得手・強み＿＿＿＿＿＿＿

(4) 自社のご本尊（権現）・お客様からみた価値・魅力の根源＿＿＿＿＿＿

(5) 自社の固定客の増減率＿＿＿＿

(6) 自社が属する業界で成功するための秘訣（KFS）＿＿＿＿＿＿＿＿＿

(7) 自社が属している業界のクセ（業界特性）＿＿＿＿＿＿＿＿＿＿

(8) 競争特性　リーダー・チャレンジャー・ニッチャー・フォロワー

(9) 商品特性　素材型／ブランド型　市場深耕型／市場新耕型

(10) 経営者自身の願望：なにがしたいのか

(11) 経営者はいまなにに悩んでいるか、危機感・焦燥感の元凶は＿＿＿＿＿

(12) その他＿＿＿＿＿＿＿＿＿＿

1. 自社の経営課題＝生き筋・道筋・ご本尊
   （From　(1)・(10)・(11)）　　｝贏つ―商機―

2. 自社の商略・戦略課題＝真のライバルであるお客様との知恵比べに克つ
   ◎お客様からみた価値開発
   （From　(1)・(3)・(4)・(6)・(9)）

   ◎自社を変える―リストラの方向
   （From　(2)・(5)・(7)・(8)）　　｝克つ―契機―

3. 自社の得手・強みに帆戦略課題＝得手・強みをつくり、これに帆をあげ（得意技を磨いて）機会を開発する
   （From　(1)・(3)・(4)・(6)・(7)・(8)）　　｝勝つ―勝機―

注　(6)の業界で成功するための秘訣 KFS）と(8)の競争特性については図表38.39を参照

6 みえない問題情報を共有し生き筋をみつけよう

> **カンどころ** これまでは計画順守の管理考動を重視してきましたが、これからは経営本来の試行錯誤考動を重視すべきです。

♠みえない問題を共有して意識する

単なるビジョンや経営の方針だけでは、解釈がまちまちになってしまいます。部門別にそれぞれが部分最適であっても全体最適とはなりません。これが現在儲かっていない会社に多くみられる欠点であり、弱点です。

この弱点をカバーするには、自社のみえない問題を社長はじめ幹部が共有し議論することによって、かつ（贏つ・克つ・勝つ）方向がみえてきます。

役員会や経営会議などで、このみえない問題という情報を共有して、三つの「かつ」方向性を確認していただきたいのです。

これまでは数値目標の達成の可能性を探求すればよかったのですが、これからは、活かされ・生き抜く方向性を探索することが重要です。これが社長本来の仕事になります。

♠事業機会（ビジネスチャンス）は意識して探さなければみつからない

みえる問題の解決よりみえない機会を開発することを通称「けもの道」といい、活路・生き筋ともいいます。このけもの道、すなわち事業機会（ビジネスチャンス）をどうみつけるかを考えていきましょう。

ビジネス破壊のなかでは、明日どうなるかを心配するよりも、明日のためになにをするかが大事なときです。そのためには、他人が見落としている機会をみつけて、その機会をモノにするという企業家精神を活性化する必要があります。

> ☞ 生き筋とは、もともとは、碁や将棋で局面に最適の手、手筋のこと。経営でも同じことがいえます。

事業機会をみつけるには、図表12（51頁）のみえない問題を意識してみることが肝要です。なかでも社会やお客様の「不」（不満）と「期」（期待）、「望」（希望）をつかむための臨場情報を集める必要性は前述しましたが、さらにもう一つ大事なことは、情報をもった人を探すことです。情報のキーマンとの出会いを勇気をもって求める努力をしなければなりません。

ネットワーク時代では、インターネットで情報を集めることはもちろん大事

なことですが、生の情報をもった人たちにどれだけ出会えるかが決め手となります。商いは、人との出会いが育ててくれるからです。

♠なにをどうしてよいかがわからないときはどうするか

　みえない問題（事業機会）がみえない場合はどうするか。お客様の「不」「期」「望」といっても、完全につかめない場合が少なくありません。また、お客様から聞いたとおりにやっても、本当に必要でなかったということもよくあります。

　このような、なにをどうしたらよいかがわからないときは、仮説を立てて、それを検証する考動、つまり「仮説検証考動」をお勧めします。

　みえる問題を解決する執行管理ではプラン・ドゥ・シー・（チェック）アクションが基本考動ですが、現実経営や未来経営で、みえない問題をつかみモノにする場合は、仮説検証考動の継続が欠かせません。

　商いは、"はじめにお客様からの情報ありき"ですから、まず社会やお客様が真に求めているモノ・コト・用途（情報）をつかまなければなりません。しかし、その情報がつかめなければ、「お客様が真に求めているモノ・コト・用途は、○○ではないか」と仮説を立ててみるしかありません。

　そして、これでお客様は満足かとこの仮説を検証し修正を加えながら、お客様に提案し認知を得て、注文をもらうといった考動のサイクルを回すのです。（67頁の図表17参照）

　プラン・ドゥ・シー・アクションが管理の基本考動ですが、商いにおいては、ウオンツ・マスト・ドゥの試行錯誤の考動（36頁の図表6参照）が基本です。これでお客様が満足かと、仮説を立てて検証（修正）しながらお客様の認知を得るといった仮説検証の試行錯誤考動が必要不可欠なのです。

♠事業機会を見出すセンスと才覚を体得する

　繰り返しますが、商いの原点（つくる≡うる）に着眼し、原点からの発想をお勧めします。（44頁の図表10参照）

　そのためには、①なにを・どうつくり＝扱い商品の選択、技術・サービスの開発、②どこの・誰に＝市場・商圏・客層・ユーザー、つまりマーケットとお客様を絞る、③どう買ってもらうか＝モノを売る前に、信用・信頼・共鳴共感・固定客を得る方法・仕掛け・システム、を四六時中考えるのです。

　お客様から謙虚に学び、人や情報との出会いを求めて歩き、「なにか新しい夢の多い商品や事業はないか」と、明けても暮れても商いの種を模索するのです。これが事業機会を見出すセンスと才覚を体得する基本動作なのです。

7 得手・強み(小回り・即断即決)経営で勝ち組を目指そう

> **カンどころ** 大企業のやり方と中小企業のやり方とは似て非なるものです。闇雲に大企業のやり方を真似た経営をして、自社のもつ強みを消してしまわないことです。

♠徹底したリストラを断行し儲かる体制をつくったＢ社

　中小企業が得手・強みとする小回りと、オーナー経営の得手・強みである即断即決で、他社を出し抜いているＢ社を紹介しましょう。

　大手自動車メーカーの下請であるＢ社は、元請のメーカーが乗用車を生産中止したため受注・売上ともに半減し、経常利益は水面下に埋没してしまったのです。

　そこで、内部では徹底したリストラを断行しました。首切りはしなかったものの、従業員にはボーナスも昇給もストップせざるをえなかったのです。残業手当も十分に出せない状態でした。やめていく人の補充は一切せず、人の力を２倍、３倍出してもらうよう要請というより強要し、お金を徹底的に節約しました。モノの節約では、いままでそれほどでもなかった不良品の撲滅を罰則つきで徹底しました。

　その結果、いままで考えてもみなかった内部の合理化ができました。これが実現できたのも経営者が交代した（子息が経営の第一線に立った）ことが大きいのです。それまで経営を牛耳っていた専務には辞めてもらいました。社長（母親）の番頭役の専務に代わって30歳前の子息社長が陣頭に立ち、とにかく死に物狂いで内部の合理化をやったのです。

　いままでの約20億の売上を12億で儲かる体制にしました。それでもまだだめだというので、８億で儲かる体制をつくろうと、損益分岐点を極限にまで下げる努力をしました。固定費の削減は並大抵ではなかったのですが、すべてにわたり徹底的な見直しと削減を断行しました。

♠外部の取引先には無理を承知で無理をした

　また、お客様（取引先）の無理を承知で聞いて無理をしました。Ｂ社は、開発関係の試作の仕事をしていましたが、例えば金曜日の夕方に「ちょっときてくれ」「これを月曜日までにもってこい」といった無理難題（ニーズ）に対応したのです。普通の会社では、「月曜日はだめです。土曜と日曜は休みですか

ら、無理です。それはできません」となるのですが、「はい、わかりました」といってなんでも引き受けてきました。それを、休日出勤して月曜日に届けるといった調子で無理を承知で無理をしました。

　それだけではなく、他にない設備を導入しました。資金はありません。しかし、他社と同じことをしているだけでは勝てませんから、資金の面でも無理をしました。資金は金融機関から借りて、とにかく他社にない設備を導入しました。

♠「人がやらないこと、無理を承知で無理して」はじめて儲かる会社になる

　この設備と無理を承知で無理をしたおかげで、B社は、業界のなかで、便利屋さんとして認められました。「B社に仕事をもっていけば、すぐやってくれる」「少々難しい仕事でもやってくれる」という評価を得たのです。

　いままでまったく関係のなかったH社からも注文を受け受注量も増えました。新商品開発に熱心に取り組んでいるH社のおかげで、損益分岐点売上高をこえる仕事量になってきました。3年間の辛抱の結果、ようやく儲かるようになり、その後業績はV字型の回復をみて、現在は元気印の会社になっています。

　このように、B社は、ローテクを中心に小回りを利かしたこと、注文にきちんと応えられるように、またコストが合うように、みんなが知恵を絞ったのです。

　たとえ、ローテクであっても、人がやらないことをやれば、無理を承知で無理をすれば、儲かる会社になります。何事も徹底してやればできることをB社の事例は教えてくれています。

♠いまは弱点補強よりも得手・強みで勝ち組を目指そう

　企業内の研修会席上で、「貴社に問題はありますか」と尋ねますと、職種を問わず多くの人が「問題あり」と答えます。

　しかし「あなたの会社の得手・強みはなにですか」と尋ねると、自信をもって挙手して答えられる人は案外と少ないものです。

　プロの社会をみればわかると思いますが、例えば相撲の勝負には得意技＝得手がなければ勝てません。これは、商いにおいてもまったく同じです。

　これまではどちらかというと、弱点補強にウエイトをおいた経営でしたが、ビジネス破壊の渦中にあって、"禍を転じて福となす"には、弱点補強ではなく、自社の強みを磨き、これを伸ばして前途を拓く、つまりリカバリーする以外にありません。

　得手が不明確ならば、自社の得手をつかみ、これに磨きをかけて強みとし、全社で共有して、これに帆をあげることが大事です。

8 得手・強みをつくり、これを磨こう

> **カンどころ** "為せば成る"と精神力を強くもち、地アタマを酷使し続ければ物事は大抵できるものです。やるかやらないか・続けるか続けないかの決断力がポイントです。

♠京都企業の強さの秘密とは

　図表13の京都企業の強さの秘密をみてください。

　ご存知のように、京都には、大きな企業はありませんが、中堅企業で非常にすばらしい会社が少なくありません。それはなぜでしょうか。その秘密が図表13の元気印の会社にみる得手・強みなのです。

　具体的にみると、核となる技術、コア・テクノロジーが必ずあります。

　例えば、京セラや村田製作所は、焼き物の技術がコアになっています。月桂冠や宝酒造は、醗酵の技術がコアです。イシダははかりの技術、村田機械は西陣の織機の技術、川島織物は西陣織の技術がコアという具合です。

　京都企業の強さにみるように、コアとなる技術（コア・テクノロジー）がないと、まずオンリー・ワンの企業にはなれません。

　ですから、オンリー・ワンを目指すならば、コアとなる技術をつくり活性化することが不可欠の条件となります。

♠三つのトクイを喪失していないかを絶えずチェックする

　自社のコアとなるものがわからないときは、次の三つのトクイが希薄になっていないかをチェックしてください。

(1)　得意技や得意分野、すなわち得手・強み……自社の得意技です。相撲や野球の世界でも、得意技がなければ、絶対に勝てません。得意技をもたない・得手のない選手は、伸びません。

(2)　特異性……差別化を図るための特異性です。ライバルと比較して１日の長というか、特異性というものがないと他との差別化ができません。

(3)　得意先（お客様）……これはターゲットとする得意先はどこか。価値観が多様化しているなかで、価値観を共有できるお客様をお得意様にすることが大切です。不特定多数ではコアとなるお客様が明確でないからです。

　以上三つのトクイを喪失すると、まず商いは儲かりませんから、非常に恐いことです。常に、上記の三つのトクイをチェックし磨きをかける努力をしてください。

【図表13　元気印の会社にみる核となる技術】

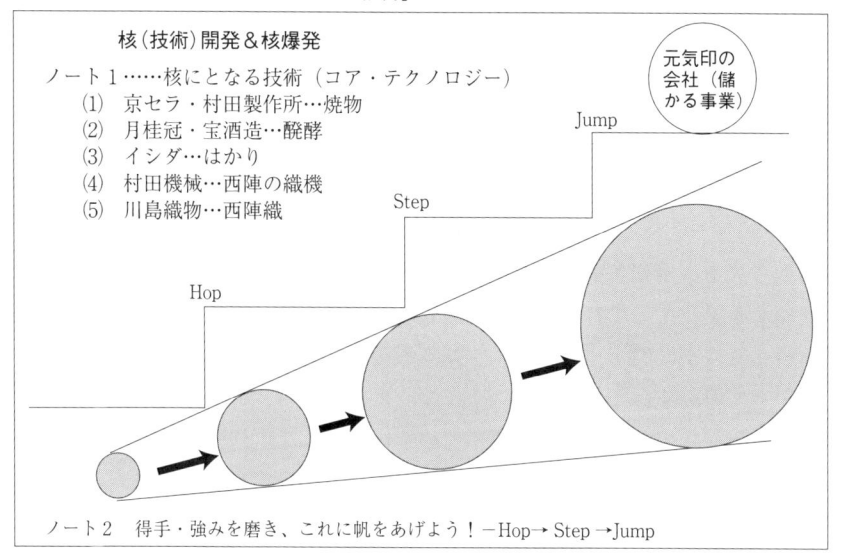

核（技術）開発＆核爆発
ノート１……核にとなる技術（コア・テクノロジー）
　(1)　京セラ・村田製作所…焼物
　(2)　月桂冠・宝酒造…醸酵
　(3)　イシダ…はかり
　(4)　村田機械…西陣の織機
　(5)　川島織物…西陣織

元気印の会社（儲かる事業）

Hop → Step → Jump

ノート２　得手・強みを磨き、これに帆をあげよう！－Hop→ Step →Jump

♠中堅・中小企業の得手・強み－小回りと即断即決で勝とう

　さて、経営者の方は、自社の得意技を把握されているでしょうか。役員会や経営幹部の研修等で質問してみると、得手・強みがよくわからないという方や会社が少なくありません。

　また、営業がいうことと、技術でいうことが違うなど、得手・強みがみんなで共有されていません。チームはもとより個人としても得手・強みがわからなければどうしようもないのです。

　そこで、もう一度、自社の得手・強みはなにかを自問自答してください。

　もっとも、コアとなるものがイマイチという場合もあります。そんなときは、中小企業の得手とはなにかを考えます。中小企業の得手・強みは小回りですが、特にオーナー経営の場合は即断即決です。

　いつも全員を集めて会議をして結論を出さなくても、オーナー経営の場合、結果責任をとる社長が即断即決すればよいのです。これがスピード時代におけるオーナー経営の強みです。

♠核開発＆爆発のすすめ

　元気印の会社づくりには、図表13にみるとおり、得手・強みをつくり、これに帆をあげることです。いいかえれば、成長の核を開発し、この核を爆発し続けることが大事です。

9 情報を事業化する仕組みを考えよう

> **カンどころ** 経営の理念は、絶対に会社を潰さないことです。いついかなる状況下にあっても、儲かる事業・商品・サービス経営に徹する仕組みをつくることが肝心です。

♠形から入るー情報を事業化する基本考動

　情報を事業化する場合、情報を事業化するノウハウ（経験的価値）をどうして体得するかが問題です。それは、基本考動として、情報盤という安全マークを背負って考動することがポイントになります。

　情報を事業化する情報人間になるためには、いままでの経営計画を中心とした管理行動から、図表14（60頁）の情報盤という安全マークを背負った経営考動にチェンジすることです。常に情報盤という安全マークを背負って、ウオンツ（Want）・マスト（Must）・ドゥ（Do）の大局着眼・小事着手の考動を身につけ実践することが肝要です。

♠商いの原点に着眼し原点から発想する

　図表14は、元気印の会社づくりです。

　ヨコ軸は変化への対応、お客様への応答ですが、これは商いの原点に着眼し、原点から発想します。ビジネス破壊のいまは原点回帰のときです。いろんな情報に踊らされて、なにをどうしてよいかがわからないとき、この商いの原点に着眼し原点から発想することをお勧めします。（44頁の図表10参照）

　商いの原点とは、"つくる"、"つながる"の3本線と"うる"であり、これに着眼します。「つくる」というのは、事業でも商品でも技術でもよい、常に強いものをつくってもつことです。「つながる」という3本の線は、強い会社、すなわち元気印の会社になりたい・なるという思い、心願をもつことです。「うる」というのは、強いもの、すなわちおカネが流れている市場やおカネをもっているお客様につくことをいいます。この商いの原点（つくる≡うる）をヨコ軸にしっかりと固定します。

♠曲げてはならないヘソ（中心軸）の固定と堅持

　次に、タテ軸は曲げてはならないヘソ（中心軸）で、自己実現の心棒、いいかえると「操」を固定しなければ、情報に流され、踊らされてしまうのが昨今です。

情報に踊らされたり、流されないためにも、曲げてはならないヘソを固定し堅持します。いわば情報的な自立といいますか、個性や独自性を重視することです。
　まず、曲げてはならないヘソの固定化には、変えてはならない不変の中心軸を確認しておく必要があります。それは、創業の精神や家訓です。特に大切なことは、経営の理念の確認と実践です。(86頁の図表25参照)
　その次は考動の理念、つまり商人の考動基準の確認を忘れないことです。儲かる商いには、組織規定や就業規則以上に「商人の考動基準」(87頁)が重視され優先されなければなりません。

♠ 変化に即応して変える「可変の中心軸」が必要
　一方、変化に対応するには、可変の中心軸、つまり変化に即応して変えていかなければならない中心軸が必要になります。
　野球にたとえるならば、「勝ちパターン」です。勝つためには、相手によって勝ち方のパターンを変えていかなければなりません。
　この可変の中心軸とは、①基本商略・戦略指針、②必要条件、③十分条件をいい、これを明確にすることが大事です。

♠ 事業寿命の延命を図る仕組みと設計図
　商いの前提条件が変わり、従来の仕組みや手法は通用しないため、情報を事業化する仕組みを考えなければなりません。お客様に対する価値づくりに主眼をおいた新しいビジネスの仕組みやシステムづくりです。具体的には、事業寿命の延命を意図する設計図の作成です。
　この設計図の作成には、上記の基本考動を中心にお客様の視点に立ってどうデザインしていくかですが、次頁の図表14の右半分に注目してください。
　事業の延命を図る設計図は、次の二つに大別できます。
(1)　仮説構想(青写真)を練る概念設計が図表16(64頁)です。この図表16で第2創業の最適解(全体最適)をイメージします。
(2)　仮説構想した第2創業の最適解(全体最適)を検証し、修正を加えながら、具体的な方策を練る詳細設計の原型が図表15(実践シートの原型・61頁)です。
(3)　最後は、第2創業(商品・サービス経営を含む)を推進するために、「ウオンツ・マスト・ドゥの工程表(実行計画)づくり」で追求します。
　この設計図(図表15.16)を中心に情報の事業化を掘り下げていくのです。

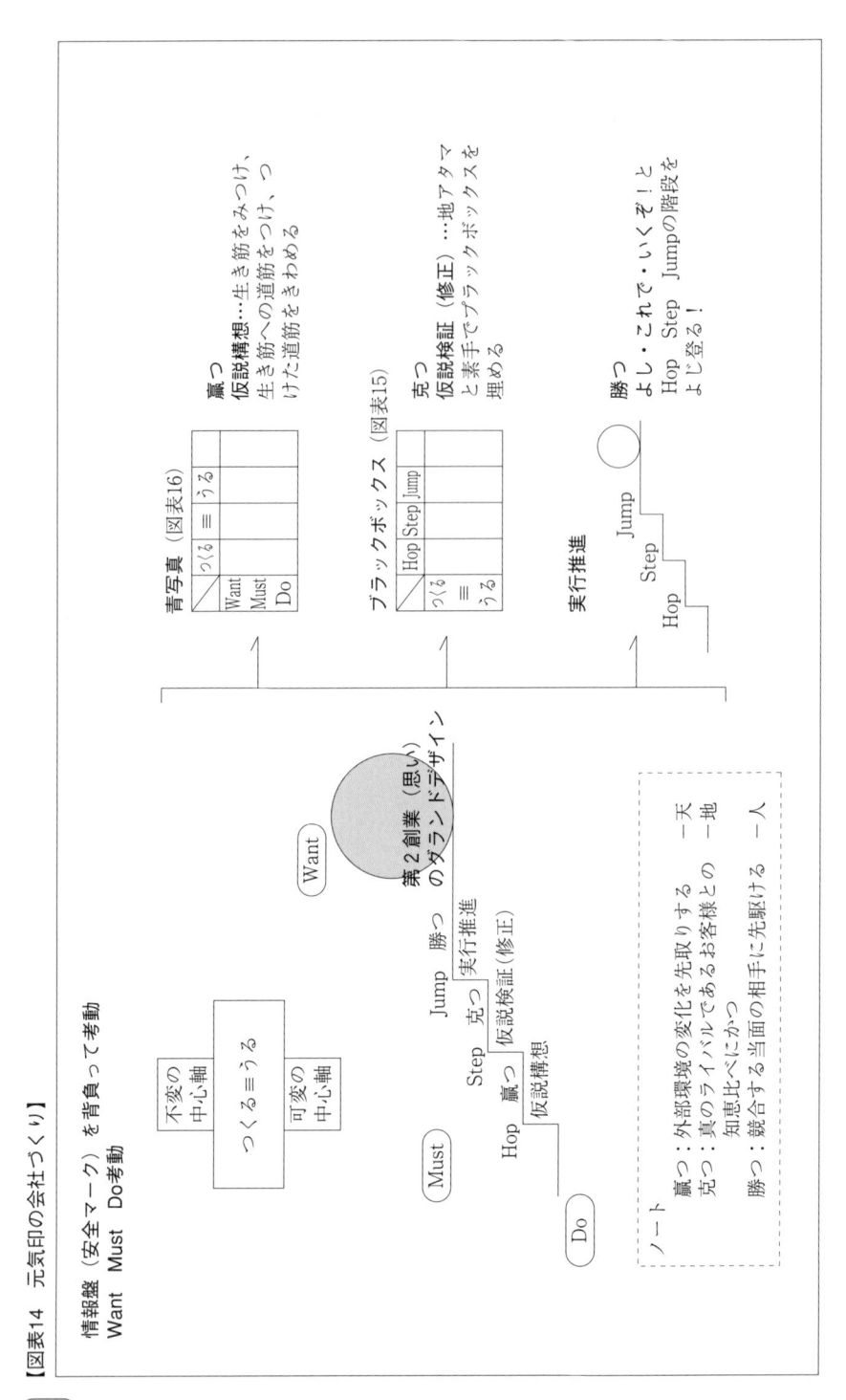

【図表14 元気印の会社づくり】

情報盤（安全マーク）を背負って考動
Want Must Do考動

```
        不変の
        中心軸
   ┌──────────┐
   │ つくる=うる │
   └──────────┘
        可変の
        中心軸
```

青写真（図表16）

つくる／うる	つくる	うる
Want		
Must		
Do		

贏つ
仮説構想…生き筋をみつけ、
生き筋への道筋をつけ、
つけた道筋をきわめる

ブラックボックス（図表15）

つくる／うる	Hop	Step	Jump
つくる			
うる			

克つ
仮説検証（修正）…地アタマ
と素手でブラックボックスを
埋める

実行推進

```
           ○
         Jump
      Step
   Hop
```

勝つ
よし・これで・いくぞ！と
Hop Step Jumpの階段を
よじ登る！

第2創業（思い）
のグランドデザイン

Want

Must　　Jump　勝つ　実行推進
　　Step　克つ　仮説検証（修正）
　Hop　贏つ　仮説構想
Do

ノート
　贏つ：外部環境の変化を先取りする　－天
　克つ：真のライバルであるお客様との　－地
　　　　知恵比べにかつ
　勝つ：競合する当面の相手に先駆ける　－人

[図表15]

事業商略・経営戦略（方策）検討表
実践シート（原型）

生き筋への道筋		Hop：今日〜	Step：明日〜	Jump：明後日〜	Want
Must					○○経営の生き筋
チャレンジ（フシ） 自力革新		プラス・ワン	オンリー・ワン	ベスト・ワン	
核	レスポンス 変化対応、お客様応答				◎なにをどうつくり ・どのような無理難題に ※なにで
	つくる（強いものを もつ！） ・お客様からみた 価値開発		〈検証・修正〉		◎どう買っていただくか ・どう応答するか ※どう先駆けるか
	二（強いものに なる！） ・競争優位性の構築				◎どこの、誰に、誰の ・どこの、誰に ※どこの、誰に
	うる（強いものに つく！） ・お客様との つながり開発	〈仮説〉		〈ノウハウ・認知〉	
み え な い 問 題	・マーケット、業界特性 ・ターゲット分野、FFS ・ユーザーのコア・ニーズ ・競争相手・競争特性	ノート お客様への問いかけ 貴社に求めているモノ・コト・用途＆要望レベル 当社の対応・応答レベル 〈宿題〉産（ギャップ）……宿題		こういうものがあれば？ この不便さをなんとかしたい！ 明日の生活はこうありたい！	

Do　〈ブラックボックス〉　生き残りの能力開発＝得手に帆をあげ機会開発

［かつ方程式］：［得手・強み＝凡送］＝優位性（注文）＝［得意先］＝満足＆ご愛顧］＝固定客

10 最適解・全体最適のイメージを仮説構想しよう

> **カンどころ** 社長の仕事は、元気印の会社をつくることです。すなわち、儲かる事業・儲かる商品・儲かるサービスをつくることであり、儲ける経営をすることです。

♠元気印の会社づくりは社長の仕事

　真の経営者、経営トップである社長の仕事とは、一体なんなのでしょうか。

　マネジメントの教科書には、社長や経営者の条件や仕事がいろいろ書いてありますが、これに全部丸がついたからといって、立派な社長とは限りません。教科書のうえでは理想の社長かもしれませんが、現実に儲かっていなければどうしようもありません。経営はあくまでも実践であり結果なのです。

　不景気であっても儲かる元気印の会社をつくることが社長の最大の仕事です。特にビジネス破壊を克服するには、"禍を転じて福となす"リカバリーのノウハウをもつことが社長の必須条件です。

♠元気印の会社の仕組みづくり

　まず元気印の会社の仕組みづくりは、とにかく物事をうまくやるための必然性に着目して、これを整理することです。

　仕組みづくりとは、①骨組みをどうつくるか、②考える項目はなにか、③考える内容はなにか、です。

　①の骨組みは、前述した安全マーク（情報盤）のタテ軸とヨコ軸を組み合わせたマトリックスです。②の考える項目は、概念設計です。③の考える内容は、詳細設計です。これを落書き帳式に作成したのが図表15（61頁）・16（64頁）です。

♠全体最適のイメージをつくる

　まず経営トップが考える項目とは、自社の将来、全体最適のイメージをつくる（概念設計をする）ことです。これにも、仕組みづくりが欠かせません。

　図表16（64頁）をみてください。

　タテ軸には、"大局着眼、小事着手"「ウオンツ（Want）、マスト（Must）、ドゥ（Do）」考動を、ヨコ軸には、商いの原点をもってきます。これは環境への適応やお客様への応答です。タテ軸とヨコ軸によるマトリックスをつくります。これが骨組みとなります。

マトリックスのなかのブラックボックスをどう埋めるかが考える項目であり、考える内容となります。
　ブラックボックスを埋めることが情報の事業化であり、大切なワークです。従来慣れ親しんできた管理行動では、マニュアルどおり与えられたフォームのなかへ数字を書き込んでいけば、経営計画書は作成できました。経営考動には、マニュアルもフォームもありませんから、なにをどうしてよいかがわかりません。
　そこで、図表16のような落書き帳をつくり、ブラックボックスのなかの項目ごとに、地アタマを酷使していただこうというのが筆者の提案です。

☞ ブラックボックスとは、中身がみえない箱のことですが、ここでは経営計画の中枢部分です。この内容は、他人がみても容易にはみえなくするという意味で使っています。

　とにかく経営計画書は誰でも読めるし、ルールに従えばそれほど知恵を絞らなくても容易に作成可能です。
　しかし、誰もが同じ書式に同じ考えで、同じような数字を書き入れるヨコ並びの方法では、もはや競争に勝てるはずがありません。そこで、他人（主として競合相手）がみても内部がわからない自社独自のブラックボックスが必要になるというわけです。

★全体最適のイメージづくり四つの原則と仕組み

　図表16は、最適解（全体最適）のイメージづくり用です。
　元気印の自社や活かされる第2創業の方向を探索し仮説構想する場合の原則と仕組みは、次のとおりです。

(1)　タテ軸「Want、Must、Do」は"大局着眼・小事着手"の演繹的考動の原則

　ヨコ軸は、「つくる、つながる、うる」の商いの原点に着眼し、原点から発想するの原則。この原則で、タテとヨコとの骨組みをつくります。

(2)　活かされる事業の方向性（生き筋・道筋）を探索するの原則

(3)　三つの機会（商機、契機、勝機）をみつけるの原則

　考える項目とは、(2)(3)の原則を掘り下げることをいいます。

(4)　仮説を構想するの原則

　本当はお客様の声を聞きながら、わからないときは仮説を立てながら、かつ方程式を解きます。これが考える内容です。
　この四つの原則が、イメージづくりには必要です。

【図表16】

経営者の仕事:元気印の会社（信者か子事業）づくり:その カギ 課題経営戦略でかつ地アタマを酷使し、素手で勝負！

大局着眼
小事着手考動

商いの原点

Want 贏つ
 ・命題:創発と変革
 ・生き残りの能力開発

Must 克つ
 ・得手・強みに帆の
  機会開発
 ・対価計算
 ・三つのトクイの
  整備

Do 勝つ
 ・戦略課題
 ・得手・強みに帆の
  「かつ方程式」
  を解く

（仮説）

つくる
・強いものをもつ

・なにで儲けるか
 お客様からみた
 価値

つくる／Hop
・なにをどうつくり

・得意分野
・どのような
 無理難題に
・お客様から
 みた価値開発

=
・強いものになる

・どう儲けるか
 得手・強みに帆をあげ
 受注機会を開発

用途／Step
・どう買っていただくか
 特有性
 (一日の長)
・どう応答するか

うる
・強いものにつく

・どこの誰に儲け
 させていただくか
 成果の産出

うる／Jump
・どこの誰に
 得意先
 (市場)
・どこの誰の

・お客様との
 つながり開発

商機

契機

勝機

生き筋

用途
開発

=／満足＆ご受贔

・競争優位性
 の構築
 かつ方程式

※参考資料
図表

・みえない問題
 (図表12)
・トップシェア形成
 の要因分類
 (図表27)

・みえない問題
 (図表12)
・事業展開の起点
 (図表28)

・みえない問題
 (図表12)
・トップの経営方針
 (図表29)

[得手・強みに用途＝優位性＝[得意先（注文）]＝満足＆ご愛顧]
よし、これで、いくぞ！！

ノート 情報が元手 泥棒をつかまえて縄をなえ！ 仮説・検証考動のすすめ

いでたらめな地アタマの若さと前途を拓くプラス志向で勝負しよう！人やカネやモノや手法にたよるな心身とも素手で！…

64

11 仮説を検証するルールと仕組みを知ろう

> **カンどころ** 中小企業のオーナー経営のところでも、官僚的管理重視のために意思決定に時間がかかる大企業病を患っています。あなたの会社は大丈夫ですか。

★実践解がみつからなければ明日はない

図表15（61頁）は、実践解（実践的な解決策）づくりで、先にみた仮説を検証する表で、詳細設計図の原型です。これも、次の四つの原則と仕組みづくりが必要です。

(1) 「つくる、つながる、うる」の原則

タテ軸は、商いの原点に着眼し、原点から発想するの原則で、レスポンスの核をつくります。

(2) 「ホップHop、ステップStep、ジャンプJump」の原則

ヨコ軸は、今日はプラス・ワン、明日はオンリー・ワン、明後日はベスト・ワンというように、日々自力革新を繰り返す原則で、チャレンジのフシをつくります。

この(1)と(2)で骨組みをつくります。

(3) お客様との知恵比べにどこまでも挑むの原則

知恵比べですから、こちらが知恵をつけて勝ったと思っても、お客様の知恵がすぐ勝ります。ですから、知恵比べをどこまでもやっていかなければなりません。仮説検証考動で、真のライバルであるお客様との知恵比べにかつ（克つ）のです。これが考える項目です。

(4) 生き抜く可能性探求の原則

とことん自社の得手・強みを磨くの原則です。得手・強みに帆をあげ、かつ方程式をどう解くかが考える内容です。

★ツールを求める問題解決法とはさようならしよう

いままでのツール（手法）を求める問題解決法にはさようならしなければなりません。問題を与えられると、まず一所懸命にツールを勉強します。いろいろ分析をやって、出てきた結論は「それは難しいなあ」で終わることが多く、これが一般的な傾向でした。

しかし、一般的な問題解決法は、あくまでもみえる問題の解決法であって、

職能部門別戦略のツールでしかありませんでした。

　社長や経営幹部にとって、いまやらなければならないことは、事業寿命の延命問題と取り組み、第２創業というみえない問題を解決するための方策を練ることです。つまり第２創業の設計図をどう描くかですが、前述したように、マニュアルもハウツウもなく、常に試行錯誤考動あるのみですから、頼れるものは自分の地アタマ以外にありません。

　特に、これから第２の創業・経営革新で勝ち組に入るためには、お客様からみた価値をつくることが最優先課題です。お客様からみた価値が自社の成果を産出する原動力となり、存在価値を高めます。

　そのためには、得手・強みをつくり、これにどう帆をあげていくかのノウハウ（経験的な価値）が欠かせません。

♠大企業の真似では中小企業の強みは減殺される

　これまでのものの見方・考え方・やり方では、絶対に生き残れないと前述しました。特にセミナー等で教える社長学や経営学の多くは、大手向きのやり方で、しかもアメリカ経営学の物真似です。これを中小企業で実践するのは、やはり無理があります。

　人の動かし方を例にとると、持ち駒を動かして、部門の成績をあげていくのが大企業流ですが、中小企業では上に立つものが汗を流さなければ、部下はついてきません。大手では人（部下）にやれといえば、やる人がいます。中小企業では、やれといってもできません。やる人がいないからです。

　中小企業で大企業病にかかると、中小企業の強みである小回りが一切利かなくなります。同時にまた、オーナー経営の強みである即断即決のスピードが減殺されます。したがって、スピード時代のタイム・ベース競争（時間を中心とした競争）には勝てません。

　中小企業の強みは、小回りや即断即決であることを再認識してください。

♠面白い時代を迎え自立精神を大いに発揮しよう

　いうまでもなく経営と管理は違います。経営は志であり、管理は分析が中心です。管理は、目標達成行動であり、これにはマニュアルがあります。しかし、経営は試行錯誤考動ですから、マニュアルがありません。

　ですから、逆に面白いわけです。この面白い時代を迎えて、ワクワクドキドキの商い、第２創業に挑戦しようではありませんか。

　自立精神の涵養には、次のことをよく認識してかかる必要があります。

【図表17　仮説検証の継続考動】

はじめにお客様の宿題ありき！

- 情報（元手）　←　社会やお客様が求めているモノ・コト・用途はなにか？―宿題
- 司令塔　コア・マン（企業家精神）
- 定説（真説）　認知を得る
- 仮説　←　社会やお客様が求めているモノ・コト・用途は「○○ではないか」？
- 検証・修正　←　これで顧客は満足か？

マネジメント・サイクル……P・D・S・A
（Plan―Do―See―Action）

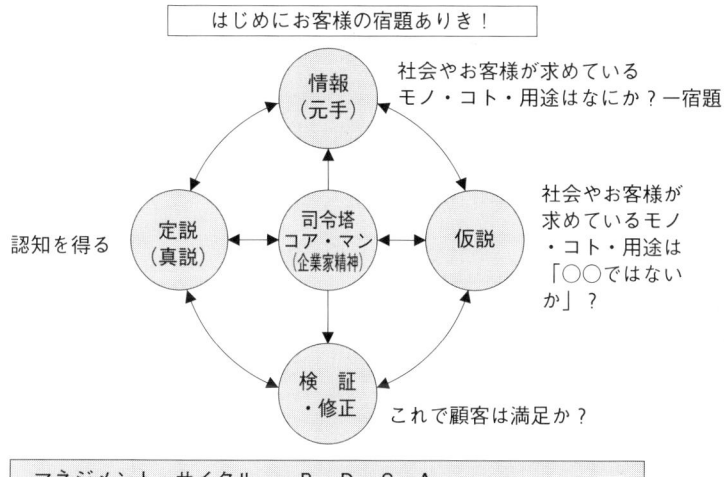

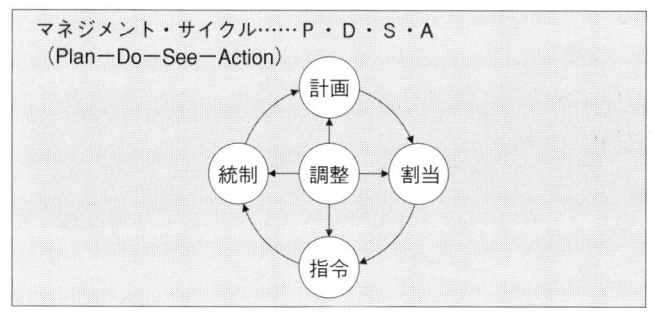

- 計画
- 割当
- 指令
- 統制
- 調整

【図表18　知恵がドンドン出てくる法】

①	＋	広角度情報を集める（行動・電話・メール・インターネット）
②	×	情報を組み合わせる
③	－	メリット・デメリット・リスクをチェックする（リスク＝投資額×失敗の確率）
④	÷	最適なモノの選択（割り切る・決断する）

（資料出所）「低迷時代を生き抜く経営の知恵」碓井貢著（セルバ出版）

(1) 決算書は、経営の意思を決断するようにはできていません。数字の分析だけでは、第２創業は無理だということを知らなければなりません。

(2) 事業・商品・サービス経営では、仮説検証（修正）考動で「実践解＝処方箋」を求めます。図表17を凝視して、マネジメント・サイクルとの違いを認識してください。

(3) 図表18で情報の四則演算法を勉強し、地アタマからドンドン知恵を出してください。

12 かつ方程式を活用して勝ち組を目指そう

> **カンどころ** タテ割り部門に職務と目標を与え部分最適の戦略戦術を練るやり方では、いくら報・連・相を強調しても、全体最適の解を求めることは難しいでしょう。

♠情報を事業化するノウハウ体得のための行動パターン

　前述した図表7（41頁）は、情報を事業化するノウハウを体得するための考動パターンです。

　そのポイントを列記すると、次のとおりです。

(1)　当たり前のことを

　勝ち組になる［$P↑-G=C↓$］には、

(2)　率直に自分の考え方で

　四つの条件（新たな価値、事業機会の開発、得手・強みに帆をあげる、情報の事業化→実践解）を念頭に置き、

(3)　自分で考え

　試行錯誤を繰り返しながら四つの条件を整備し、実践解（実践的な解決策・処方箋）を求める。

(4)　自らが動く

　求めた実践解で脳力競争にかつ（贏つ・克つ・勝つ）。

　この考動パターンを通じて、情報の事業化のノウハウを身につけ、これを縦横無尽に駆使することが勝ち組になる、つまり生き残るために必要不可欠となります。

♠情報を事業化するノウハウとは「かつ方程式」をどう解くかが決め手

　「かつ方程式」についてみましょう。（61頁の図表15、64頁の図表16参照）

　まず自社の得手・強みと、お客様が真に求めている用途とを結びつけて優位性を確立します。そして、お得意先から注文をもらいます。

　ふつう会社では、経営計画は売上計画が中心ですが、売上よりも受注を重視します。サービス業の場合は集客です。売上は注文の結果ですから、注文をどれだけ頂戴するかです。注文をいただくためには、お客様の満足を得なければなりません。それにはどうするかです。

　お客様の満足を得ることは、共鳴共感をいただくことであり、ご愛顧をいた

だくことです。
　商いというものは、一度限りの注文ではなく、繰り返し注文をいただくことが大切です。となると、お客様の満足とご愛顧をどういただくかがポイントとなります。そして、繰り返し注文をいただいたお客様が固定客であり、長くお付き合いをしていただく固定客（信者）を得るために、なにをどうするかを考える方程式が「かつ方程式」なのです。

♠リカバリー・成長のための戦略考動をつくる

　ビジネス破壊に勝つためには、リカバリーの核・成長の核づくりが不可欠です。そのためには、①お客様からみた価値創造の機会を開発する、②それには長所伸展に集中し得手・強みをつくる、③得手・強みに帆をあげ、一点集中を図る、という戦略考動が欠かせません。
　この戦略考動で大事なポイントは、「モレやダブリをなくす」ことです。モレが発生すると、チャンスを逃してしまいます。またダブリがあると、ムダが発生します。このモレやダブリを未然に防ぐのがかつ方程式です。
　図表16（64頁）に示すように、ポイントは次のとおりです。
(1)　商いの原点（つくる≡うる）をベースにおく。
(2)　三つのトクイ（得意分野、特異性・1日の長、得意先）を整備する。
(3)　つながり（≡）重視の考動をとる。

♠得手・強みを磨き、価値をつくる

　その中身は、一つは得手に磨きをかけ、お客様からみた価値をつくることです。これは、自社の得手・強みとお客様が求めているモノ・コト・用途とをどう結びつけるかが第一のポイントです。
　もう一つは、この価値づくりはお客様との知恵比べにかつ（克つ）ことです。そしてライバルや同業者に先駆ける優位性をどう確立するかを考えていけばよいのです。
　商いは、一歩先をみて、半歩先を歩けば勝てます。それができれば、常に優位性を確立できます。しかし、今日はプラス・ワン、明日はオンリー・ワン、明後日はベスト・ワンというように、自力革新による向上がなければなりません。
　そういう意味で、得手・強みを磨き続けることが不可欠です。それが結果的にお客様との知恵比べにかち、同業者に先駆けることになるからです。
　繰り返しますが、①自社の得手は一体なにか、②お客様が真に求めているも

のは一体なにか、③当面する競合相手はどこか、④「かつ」ためにはなにが必要か、⑤お客様から注文をもらうためには受注活動ではなくて、受注工策をしているか、⑥受注をもらった後のお客様に対する満足とご愛顧をどう提供し確保していくか、を考え続けていかなければなりません。

　これが得手・強みに帆をあげ「かつ方程式」を解くということです。

♠ノウハウを共有（製・技・販同盟）できれば強くなる

　「かつ方程式」を提案する理由は、次のとおりです。
(1)　得手・強みに用途を結びつけ、自社の得意分野をもつこと。
(2)　他との違いを際立たせることによって得意先から注文をいただくこと。
(3)　常に顧客満足を通してご愛顧いただき、自社の固定客・ファンになってもらうこと。
(4)　このために製造・技術（開発）・販売の各部門は、それぞれなにをどうするかを考えること。

　多くの会社では、タテ割りの部門組織で、しかもタテ割り部門がばらばらになっていて、部門意識の壁が邪魔をしています。ですから、ヨコに１本筋を通すという意味で、各部門間に共通の「かつ方程式」が必要なのです。

　特にメーカーの場合、製造・技術（開発）・販売の各部門がばらばらでは絶対に勝てません。社内の各部門間や経営幹部間でのベクトルの統一のために、ぜひこの「かつ方程式」をみんなで共有していただきたいのです。

♠得手に帆の機会開発課題を明確に設定して挑戦する

　方向性を決定し、担当する部門ごとに解決すべき課題を明確に設定して、目標管理の前に課題を経営します。

　とにかく各部門には、職務の分掌規定や経営目標の数字を与える前に、機会開発課題を割り当てます。これをクリアする見通しがついてから、実行計画（経営計画）に数字を落とし込むことが大切です。

　経営計画よりも前に、解決すべき課題にメスを入れておくことが成果をあげるために大切なポイントなのです。
（課題経営について詳しくは、④ 参照）

3 こうすれば儲かる！
ーかつ経営を仮説構想する概略設計のポイント

　ビジネス破壊にかつ経営の核心は、①事業基盤の崩壊につながる脅威と危険を排除する－変革・革新、②価値創造の機会をみつけ、これを開発－創発（創造的発展）することにより、事業寿命の延命を図ることです。
　その決め手は、活かされる事業（第2創業）の方向性の探索です。それは、経営トップの仮説構想力と実践解（処方箋）をつくり出す概略設計のいかんにあります。
　そこで、かつ経営を仮説構想する概略設計のポイントをまとめます。

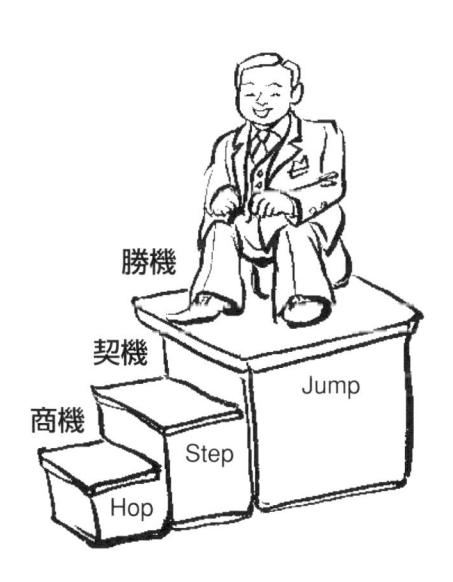

勝機
契機
商機
Jump
Step
Hop

1 お客様から活かされる方向性を探索しよう

> **カンどころ** 活かされる事業方向の探索では、社長のウオンツと社会の潮流・お客様のウオンツとの間にギャップが生じていないかを鋭敏に感知することが大事です。

♠三つの視(視点・視野・視力)で活かされる方向性を目途づける

　これからの商いは、計画の必達や目標達成の可能性の探求よりも、お客様から活かされる方向性を探索することが必要です。そのために大切なポイントは、三つの視(視点・視野・視力)にあります。

(1)　視点を変える

　目のつけどころを変えます。これまでの私たちのものの考え方は、どちらかといえば花や実を取ることに一所懸命でした。しかし、よくよく考えてみると、"樹木を育てるには花より枝、枝より幹、幹より根"が大事といわれるように、実はみえない根の部分が問題なのです。つまり根腐れが恐いからです。したがつて、歴史がある会社ほど、この根をみつめ直し、根腐れ防止を忘れないことです。

　ビジネス破壊にかつためには、この根の部分にあたる事業基盤の見直しと整備が大事なのです。

(2)　視野を広げる

　視点を変えた後は、視野を広げなければなりません。いつの間にか視野狭窄症に陥っているからです。これを虫瞰といい、土の中の穴から上をみていてもみえる範囲には限度があります。大切なのは、木の枝に止まった鳥のように、上下左右をみる俯瞰です。虫瞰から鳥瞰へと視野を拡げることが大切です。

　同様に、自社から、属する業界や産業にまで視野を広げて、もう一度見直してみます。これは、国内だけではなく、地球規模で見直す必要があります。

　特にコスト破壊のいまは、中国からの攻勢を視野に入れながら、国内だけから部品なり素材を調達するのではなく、地球規模で調達を考えなければ生き残れないからです。

(3)　視力・眼力の強化

　視力というとちょっと語弊がありますので、眼力と表現しておきます。眼力を強化しなければなりません。これまでは計画対実績ギャップというみえる問題を問題にしてきましたが、これからは、みえない問題(お客様とのコミュニ

【図表19　情報の事業化】

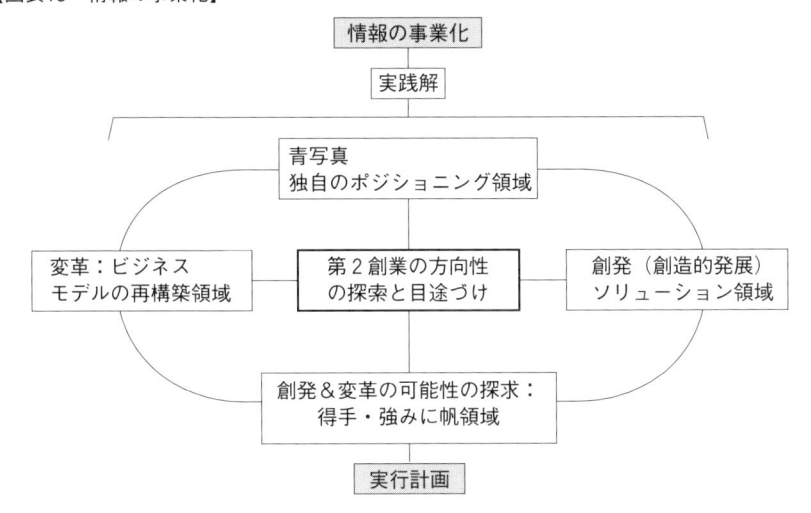

```
                    情報の事業化
                      実践解
              ┌─────────────────┐
              │   青写真         │
              │   独自のポジショニング領域 │
   ┌──────────┤                 ├──────────┐
   │ 変革：ビジネス │ 第２創業の方向性  │ 創発（創造的発展）│
   │ モデルの再構築領域 │ の探索と目途づけ │ ソリューション領域│
   └──────────┤                 ├──────────┘
              │   創発＆変革の可能性の探求： │
              │   得手・強みに帆領域       │
              └─────────────────┘
                      実行計画
```

ケーション・ギャップ、環境の変化とのアテンション・ギャップ）をみる眼力が必要です。

つまり目利きで勝たなければならない時代だからです。

♠実践的な解決策・処方箋（レシピ）をどうつくるか

情報の事業化を通して実践的な解決策・処方箋（レシピ）をどうつくっていくかが課題です。

図表19では、第２創業の方向性探索という主課題を核にして、まず青写真を描きます。自社はどこでどう棲息するのかという独自のポジショニング領域の確定です。

次に創発（創造的発展）の活動領域を決めます。自社の創発を通して活動するソリューション領域を明確化にします。

☞ 創発とは、創造的発展の略語で、社会やお客様の「不」「期」「望」といった課題を解決する領域で、新たな創業の活動領域をいいます。

この創発に対して変革ですが、既存事業をどうするか、これは非常に頭の痛い課題です。

ベンチャービジネスは創発だけでよいのですが、既存企業内での起業、いわゆる第２創業（継承的創業）となると、既存事業（継承する部分）を変えなければなりません。いまや、従来のビジネスモデルの再構築は避けて通れない道なのです。

図表19の活かされる方向、つまり創発＆変革のヨコ軸に対し、タテ軸は、先

ほどの独自のポジショニング領域を確定して、創発と変革の可能性を探求します。これは、得手にどう帆をあげていくかのシナリオです。ベスト・ワンの事業経営、オンリー・ワンの商品経営、プラス・ワンのサービス経営を突き詰めていくわけです。(創発と変革の可能性については、100頁参照)

　何事をやるにも、仕組みづくりが大切なことは前述したとおりです。

　この仕組みのなかで大切な骨組みが、ヨコ軸の創発と変革であり、タテ軸はポジショニング領域と可能性探求のシナリオです。(102頁の図表32参照)

　情報の事業化で実践解を求める仕組みづくりの骨組みを図解したのが図表19(前頁)です。

♠新しい価値の創造には、技術を経営の中枢におく

　もう少し詳しくみていきましょう。従来は経営計画をつくり各部門に割り当て、その達成方法は人(部下)に考えさせるというやり方でした。しかし、第2創業となると、その実践解(処方箋)を実行計画の立案以前に解決すべき課題として取り上げ、徹底的に掘り下げておかなければなりません。

　さて、骨組みの次は、考える項目はなにかですが、それは次の三つです。

(1) どこでどう棲息するか。方向性の探索、すなわち独自のポジショニング領域の確定です。(81頁の図表23参照)
(2) 自社をどう変えるか、ビジネスモデルの再構築です。(図表23・81参照)
(3) どんなタネをまきどう育てるか、第2の創業の活動領域を決めます。(95頁の図表30参照)

　ここでも商いの原点に着眼し原点から発想して、とにかく強いものをもち、強いものになり、強いものにつきます。この三つのポイントを外さないようにしてください。

　考える内容は、外部から儲けを頂戴するために新たな価値の創造です。これが商品経営です。新たな価値の創造には、技術を経営の中枢におきます。

　特に商品経営では、プラス・ワン、オンリー・ワン、ベスト・ワンの価値をつくります。いいかえれば、得手に磨きをかけながら、これに帆をあげる商品の経営をすることです。

　ここで大事なことは、お客様はなにに代金を支払ってくれるのかという対価計算を念頭に内容を突き詰めていくことです。前述したとおり、原価計算より対価計算でわずか2％でよいから利他を優先させることを忘れないでください。

2 事業土台のゆがみ・崩壊の有無をチェックしよう

> **カンどころ** 地球は自分を中心に回っていると錯覚し、大自然の天変地異・適者生存・優勝劣敗の法則、棲み分けの原則を無視したり軽視すると、必ず失敗するのです。

♠変化に対応する意思決定のポイント

　いま伝統のある老舗の倒産が多発していますが、その原因は、事業の寿命がきたからです。いわゆるビジネス破壊という大きな構造変化に遭遇して、事業の土台が大きくゆがみ寿命が尽きたと考えられます。

　したがって、まず自社の土台にゆがみはないか、あるいは土台崩壊の危険はないか、つまり根腐れの有無をチェックする必要があります。

　そこで、ビジネス破壊という変化への対応、それにお客様への応答について、トップの意思決定で大切なことは、次の三つです。

(1)　なにを開発するか（Development）
(2)　それからなにを変更するか（Change）
(3)　なにを切り捨てるか（Cut）

　とにかく社長が上記三つの意思決定で、思い切り、割り切り、踏切りの三つの切りができるかできないか、やるかやらないかによって寿命延命の成否が決まるといっても、決していいすぎではありません。

　確かに、この意思決定にはリスクが伴います。しかし、リスクを恐れていては、前途は拓けないのです。

♠会社を絶対潰してはならないというトップの「思い」を具現する

　次頁の図表20（次頁）をみて、まず商いの原点（つくる、つながる、うる）に着眼して、「強いものにつく・強いものをもつ・強いものになる」にはどうするかと発想し、活かされる方向性を真剣に考えてください。

　すでに強調したとおり、

(1)　自社はどこで棲息するか、
(2)　自社をどう変えていくか、
(3)　自社で何をつくるか

の三つのポイントについて、自問自答を繰り返し、その実践解を探索し続けるのです。探索した実践解というよりまず社長の必死の思いを図表20のビジネ

【図表20】
ビジネス破壊を克服するためにこうする！　Want　思い・心願）を固める

商いの原点	つくる	≡（つながる）	うる
・なにをやるか ・どうやるか 　２Ｗ１Ｈで 　自問自答	強いものをもつ What なにの種をまきどう育てるか？	強いものになる How to 変化応対、お客様応答のために自社のなにをどう変えるか？	強いものにつく Where・Whom どこでどう棲息するか？
活かされ生き抜く方向性の探索	創発－事業経営の方向性	変革－事業構造再構築の方向性	変革－事業基盤整備の是非
やるかやらないか意思決定	Development 開　発	Cut または Change 撤退・縮小	再編・軌道修正
優先順位 ソフトランディング ハードランディング	②	③	①
ビジネス破壊－激震に耐える基礎工事 （土台づくり） Want			

ス破壊に対応する「激震に耐える基礎工事」の欄に落とし込んでみてください。

　このようにして社長自身が絶対会社を潰さないという思いを念じることが強いものになる第一のポイントです。

♠「思い」がビジネス破壊を克服する原動力

　ビジネス破壊を克服するには、自社の構造改革が避けられません。

　しかし、社長（経営幹部）の①思い切り・割り切り・踏切りという「決断・実行力」の弱さ、②絶対会社を潰してはならないという「思い」の弱さが目につきます。

　これが、強いものにつく・強いものをもつ・そして強いものになるには、なにをどうするかを考えながら動き・動きながら考える考動力（能力と脳力、精神力）不足、つまり諦め、執念のなさとなっていると思います。

　このような状態では、かつ（勝つ）ことは不可能です。

　社長は、自社の構造改革の前に、上記の３点について自己診断してください。自分自身に弱さ・甘さがあれば、これを強さに変える意識・精神構造の変革に取り組んでいただきたいのです。

3 生き筋(活路・針路)は人べん産業からみつけよう

> **カンどころ**　これからは強い産業につくことです。底流では、金へんから本格的な人べん産業への移行がはじまっています。これからの主流になるとみて間違いありません。

♠強い産業につくことが勝ち組へのステップ

　強いものにつくの「強いもの」とは、これまでは強い業界や強い個別企業につくことでしたが、これからは、まず強い産業につくことを提案します。

　では、強い産業とはどんな産業のことでしょうか。日本の産業の推移をみると、まず糸へんから出発をしています。糸へんが随分長く続いた後、戦後の高度成長期を支えたのが金へん産業です。現在も自動車など、金へん産業は活躍していますが、底流では、この金へんから本格的な人べん産業への移行がはじまっています。

　この人べん産業のなかでも心の産業が、これからの主流になるとみて間違いありません。

♠21世紀の勝ち組産業は「人べん産業」だ

　従来の産業分類は、自動車産業・素材産業・消費財産業・サービス財産業・情報通信産業という具合に物理的かつタテ割りでした。しかし、これからは、ヨコ割分類でないと活かされる方向性がみつからないと思います。

　このヨコ割りの産業とは、例えば、①コミュニケーション産業、②メカトロニクス産業、③ソリューション産業、④モノづくり産業、⑤セキュリティ産業、⑥環境産業、⑦医療バイオ産業、⑧シルバー産業、⑨生活産業、⑩ヒューマン産業、があげられます。

　これらの産業のうち、①のコミュニケーション産業、⑤のセキュリティ産業、⑥の環境産業、⑦の医療バイオ産業、⑧のシルバー産業、⑨の生活産業、⑩のヒューマン産業は、いずれも人べん産業です。

♠人べん産業から自社の生き筋（活路・針路）をみつけよう

　自社の生き筋（活路・針路）を人べん産業のなかでみつけます。産業の中身の説明は、割愛しますが、この勝ち組産業のなかで事業の存立基盤を固めることをお勧めします。これが強いものにつく第一歩です。もっとも、事業の存立基盤を固め勝ち組になるためには、人べん産業の方向を目指しながら、さらになにをやるか・扱うかという商材を探す前に、どこでどう棲息するか、棲息する場所を探さなければなりません。強いものにつくには、この手続きが不可欠です。

4　新たな価値の創造は収益を生み出す領域でみつけよう

カンどころ　いま考えなければならないのは、コモディティ化をライフスタイル化することです。価値創造の方向に視点を変えると、事業・商品・サービス経営の生き筋がみえてきます。

♠最も恐いのは商品の日用品化（コモディティ化）だ

　収益構造が変わらない業界で、最も怖いのはコモディティ化－日用商品の日用品化です。商品が日用品化すると、価格が下落します。いま考えなければならないのは、この商品のコモディティ化への対応です。どこにでもある商品は、価格競争になってしまうからです。

　これを今後どうするかです。収益構造を変えるためには、お客様から喜んでもらえる、お客様にとって魅力のある商品・サービスを開発し提案していくことを考えざるをえません。

　また、ＩＴ化によって商品需要が減少する印刷業界も、ただ印刷物をつくるだけでは価格競争になります。したがって、市場を創造するというコンサルティング、マーケティング・ビジネスのような形で、早く１歩踏み出さなければ、根腐れを起こしてしまうでしょう。いまの業界のなかで価値をどう創造していくかを考えることが大切です。

♠地場産業から新たな価値を創造した会社「カイハラ」「カクイ」

　広島県にあるカイハラは、伝統的な地場産業である備後絣事業を継承した後継者が、蓄積された技術と環境を生かしながらデニム生地の製造・販売に業種を転換し、デニム国内シェア45％の企業に成長させた会社です。絣をデニムに業種転換して新しい価値をみつけて、第２創業を実現した事例です。

　また、鹿児島県で製綿業を営むカクイは、製綿業から医療用の脱脂綿と化粧用コットンに事業転換してトップ企業となった会社です。単なる製綿、布団の綿では価値がなくなってきましたので、医療用脱脂綿や化粧用コットンに価値をみつけた事例です。

　いずれの事例も、コモディティ化をライフスタイル化したものです。したがって、価値創造の方向に視点を変えると、事業・商品・サービス経営の生き筋がみえてきます。

【図表21　脱コモディティ化を実現する領域】

領　　域	説　　明
(1) 顧客の使い手領域	お客様は使い手という便利さを求めています。
(2) ブランド価値領域	お客様はブランドに憧れをもつので、ブランドの価値領域も脱コモディティ化を図るためには大切です。
(3) 生活者・顧客のソリューション（課題解決）の領域	これは生活者や企業の抱えている課題を解決してあげるという領域です。
(4) アフター・サービス領域	従来のアフター・サービスというものの概念を一掃して、お客様が喜んでくれる有料サービスを提供するような領域です。
(5) 規制領域	規制領域という政府がいままで規制してた事業領域のなかに問題がなかったことが、消費者の視点・顧客の視点に立つといろんな問題があるということです。
(6) 使用価値領域	どちらかいうと、モノというものに対して所有価値をもつことに意義があった時代から、使うことに価値がある時代に切り替わってきました。同じものでも所有価値から使用価値への価値の移動が起こっています。
(7) 知的所有権領域	この私的所有権というのをもっていると非常に強いということです。
(8) 独自性のある企業ポジショニング領域	独自性のある企業ポジショニング領域は、なにをコアとして、どのようなビジネスを展開するかということです。コア・コンピタンス（卓抜した独自能力）をどうビジネス展開に結びつけていくかという問題です。
(9) エージェント、代理店領域	これまではどちらかというとモノを流すという概念が非常に多かったのですが、これからは情報のエージェントが生きる道になります。特に問屋は、モノを流すだけではなく、情報をお客様につなぐことによって商売になります。
(10) 複合化領域	以上九つの領域は、それぞれ一つだけではなく、複合領域でやっていくと、さらにまた価値があがります。これが成功しているビジネスモデルは、アメリカのＧＥ社です。ＧＥ社は顧客の使い手領域と生活者・顧客のソリューション領域とアフター・サービス領域と使用価値領域という四つの領域を組み合わせたビジネスモデルを展開しています。

(資料出所)「価値最大化のマーケティング」酒井光雄著（ダイヤモンド社）

♠どこが収益を生み出す領域か

そこで、どこでどう棲息するかを見当つけましょう。

ビジネスモデル自体が時代適応力をもっているかどうかは、財務諸表分析だけでは判断できません。やはり、最適なビジネスを実現する場合、どこがこれから収益を生み出す領域になるかを追っていかなければなりません。

酒井光雄氏が指摘される脱コモディティ化を実現する（商品を日常品化から脱する）10の領域は、図表21のとおりです。

【図表22　脱コモディティを実現する領域と商いの原点を結びつけると】

```
     つくる              ══════              うる
・顧客・使い手領域      ・規制領域         ・生活者・顧客のソリュー
・ブランド価値領域      ・エージェント領域    ション領域
・使用価値領域         ・複合化領域       ・アフター・サービス領域
・知的所有権領域
                独自性のある企業ポジショニング領域
                    領域　―　生き筋
```

♠ 領域を商いの原点と結びつけると

　脱コモディティ化を実現する領域価値を、筆者が提唱する商いの原点「つくる、つながる、うる」に結びつけたのが、図表22です。
　「つくる」メーカーは、顧客の使い手領域、ブランド価値領域、使用価値領域、知的所有権領域に着眼し、自社（部門）の価値をつくります。
　「つながる」問屋は、規制領域やエージェント領域、それに複合化領域に着眼をし、自社（部門）の価値をつくります。
　「うる」小売や流通業は、やはり生活者・顧客のソリューション領域、アフターサービス領域に自社（部門）の価値を創造します。

♠ お客様のソリューション領域に実践解をみつける

　棲息の在処は、お客様の「不」「期」「望」をつかみ解決することです。そのポイントは、次のとおりです。

(1) お客様が抱えている課題は、転位深慮の姿勢で接すること。そうすれば、お客様のほうから教えてくれる。売るよりも、お客様からの情報（宿題）を得る姿勢が大切。

(2) あえて無理を承知で無理をすること。お客様からの課題（宿題）が無理と思われることでも、必死に考える（地アタマを酷使する）こと。これにより必ず新しい技術・ノウハウの体得につながるし、蓄積もできる。

(3) 忙しくても、休日や寝る時間を削ってお客様のソリューション領域で努力する。これが儲け（信者）を生み出し、生き残る道となる。

　会社全体の事業経営の方向として独自性のある企業ポジショニング領域を目指し自社の生き筋を鮮明にしてください。
　図表23を凝視しながら、自社が棲息する在処をみつけて確定してください。

【図表23】

事業商略・経営戦略（万策）検討表　　第2創業で勝ち組になる方程式を解く(1)

実践ノート1

I どこで、どう棲息するか？　　$P\uparrow—G\uparrow=C\downarrow$

商いの原点	つくる		うる
棲息場所＆形態	強いものをもつ （なにで儲けるか）	強いものになる （どう儲ける（勝ち組））	強いものにつく （どこで儲けるか）
◎属する産業・業界 （タテ割り＜ヨコ割り） ・存立基盤－産業 ・存在基盤－業界	：どこで棲息するか	金が流れる（勝ち組）産業	
◎脱コモディティ化を実現する領域	：どう棲息するか－収益を生み出す領域		
◎ビジネススタンス	事業構成 ・本業 ・周辺事業　］第2 ・機会損失事業　創業	業態系 ・専門技術、サービス系 ・インテグレーテッド系 ・プロフェッショナル、 　コンサルティング系	生態系 ・ローカルビジネス ・オールジャパンビジネス ・グローバルビジネス
◎棲息の形態			

＜独自のポジショニング領域＞

◎自社の○年後の姿 ・生き筋（活路・針路） ・ＳＢＰ
・経営目標（自利＜利他） ◎曲げてはならないヘソ ・創業の精神 ・経営の理念
・商人の考動基準
◎勝ちパターン ・基本商略・戦略指針 ・必要条件 ・十分条件

3 こうすれば儲かる！

5 質的成長を戦略ビジネス・プラットフォームで明確にしよう

> **カンどころ** これから何年後の姿として明示するには、質的成長を目指す必要があります。そこで「ＳＢＰ（戦略ビジネス・プラットホームの略）」に着目していただきたいのです。

♠自社の何年後の姿を生き筋（活路・針路）で明示する

　36頁の図表６では、道を求めるには未来からの反省の大切さを強調しました。これが大局着眼です。つまり、自社の何年後の姿を明確にすることです。

　現在は先が見通しにくい時代ですが、みえるものが一つあります。それは社長自身の志であり・思いであり、夢です。これは先がなにもみえなくても、みようと思えばみえるものです。自分自身の志・思いはなにかを自問自答してください。これが商いの生き筋（活路・針路）となるのです。

　前述のＡ社の事例（38頁）では、下請形態から脱皮したいという社長の思いが、下支え的な生き方（サポート・インダストリーの方向）に活路を求めました。

　下請ではメシは食えないからと、自社商品をつくれば高く売れて儲かるといっても、急な転換は無理です。やはり、下請形態から脱皮して、下支えという生き方に的を絞り、下支えで自社の生き筋を求めるのが当を得ています。

♠質的成長目標はＳＢＰ（戦略ビジネス・プラットホーム）で明確にする

　これから何年後の姿として明示するのは、従来のように量的成長目標ではなく、質的成長を目指す必要があります。

　そこで、「ＳＢＰ（戦略ビジネス・プラットホームの略）」に着目していただきたいのです。なにを核に事業を展開するかというとき、その核は「ＳＢＰ」にあるからです。

　図表24（84頁）は、ＳＢＰを示す図です。タテ軸はテクノロジーのＴです。ヨコ軸はカスタマーのＣで、真ん中がファンクションのＦです。

　現在自社は、どの位置にいるか、何年後にはどちらの方向へ向いているか、ターゲットをどうするかを考えるとき、生き残るためには不特定多数の人を相手にして商いをやっていけるかということが最大の問題です。

　不特定多数の人を相手に商売をするとなると、普通の技術ではだめです。一味違う技術の方向Ｆ２を狙います。一味違う技術・ノウハウをもっているとこ

ろは、1人1人の個客をターゲットにしたＳＢＰを展開します。つまり、Ｆ２からＦ３の方向へ狙いを定めていくのです。

このような企業の量的成長ではなく、質的成長に狙いを定めたビジネスの展開が必要なのです。

図表24で何年後の姿として、自社のＳＢＰを明確にしてください。価値づくりには、絶対不可欠だからです。

数値目標を中心とする経営計画とは別に、図表24のように質的成長目標を掲げ、ＳＢＰのグレードアップを図ってください。これが自社のいざというときの復元力・底力の開発です。これは金儲けより金使いの計画です。

♠真の経営目標は、利他の目標（お客様に便益を与える目標）である

次に、経営目標も明確にしなければなりません。経営目標といえば、いままでは自利の追求一点張りでした。

例えば、売上はいくらにするか、利益はいくらにするか、年何％伸ばすか、将来は上場するといった自利追求の目標を明示してきました。確かに株主・金融機関・従業員にとっては必要ですが、一般のお客様からみると、売上が多かろうと、利益がいくらであろうとあまり関係がありません。ということは、経営目標づくりにおいても、視点を変えるときだといえます。

なぜなら、お客様からみた経営目標を明示している会社が、いま伸びているからです。例えば、ソニーでは、パスポートサイズでスタミナ８時間という経営目標を掲げ商品開発をやっています。ヤマト運輸では、翌日配達、それもお客様が希望する時間帯にお届けするというのが経営目標になっています。

このような経営目標だと、お客様にはすぐわかります。

したがって、自利追求の目標ではなく、お客様からみてわかる、利他追求の経営目標を明示し、アピールすることが絶対に必要なのです。

自社のやりたいこととお客様のしてほしいこととが結びつかなければ、三方よし（つくっても可・売っても可・買っても可）の商いにならないことを強調しておきます。

自社の生き筋や経営目標についても、ＳＢＰ（戦略ビジネス・プラットフォーム）同様、図表24の該当欄に社長自らの思いを落とし込んでください。これが独自のポジショニング領域を鮮明にするワークです。

【図表24　事業展開の基本方向】

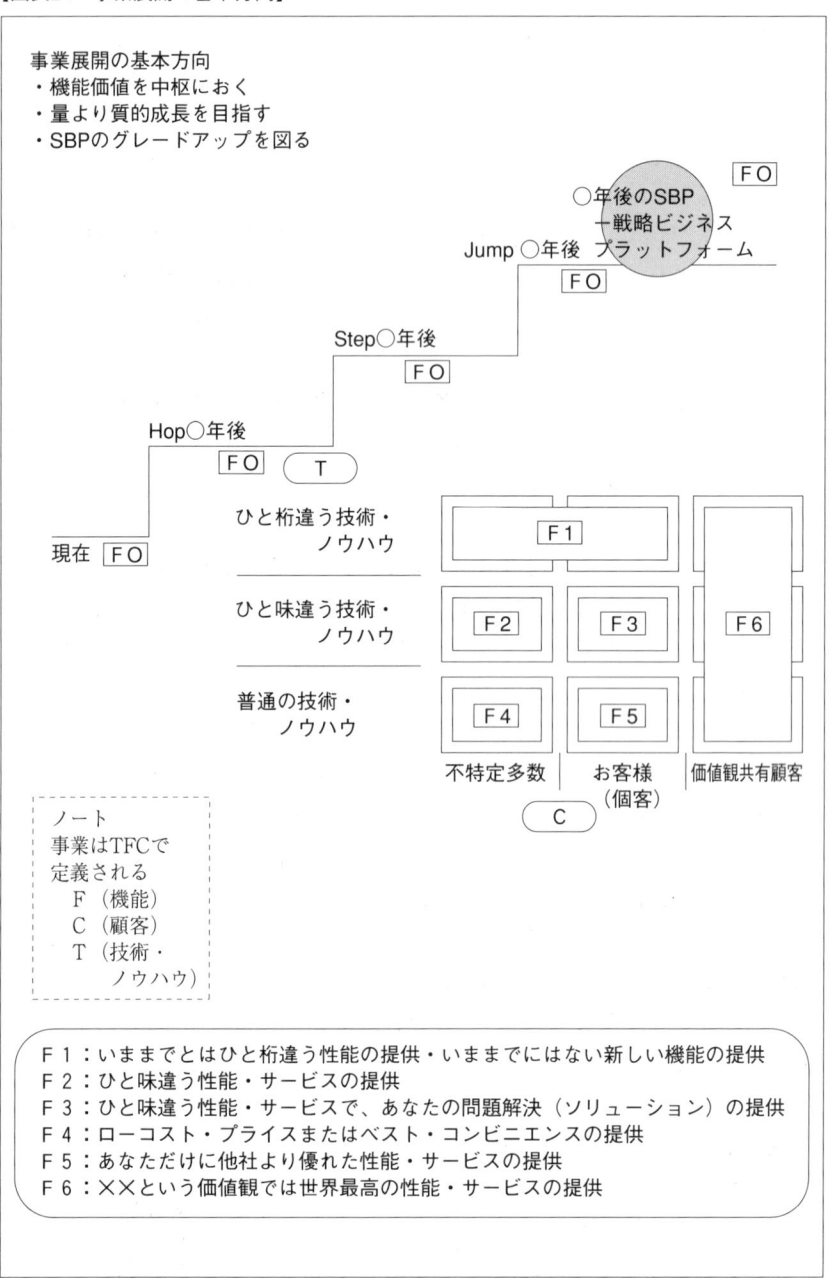

事業展開の基本方向
・機能価値を中枢におく
・量より質的成長を目指す
・SBPのグレードアップを図る

```
                                                    ○年後のSBP      FO
                                                    ―戦略ビジネス
                                         Jump ○年後  プラットフォーム
                                              FO
                            Step○年後
                                 FO
              Hop○年後
                 FO      T
現在  FO
                    ひと桁違う技術・         ┌──────┐
                       ノウハウ            │  F1  │
                                          └──────┘
                    ひと味違う技術・     ┌────┐┌────┐┌────┐
                       ノウハウ         │ F2 ││ F3 ││    │
                                        └────┘└────┘│ F6 │
                     普通の技術・       ┌────┐┌────┐│    │
                       ノウハウ         │ F4 ││ F5 │└────┘
                                        └────┘└────┘
                                         不特定多数  お客様   価値観共有顧客
                                                    （個客）
                                              C
```

ノート
事業はTFCで
定義される
　F（機能）
　C（顧客）
　T（技術・
　　ノウハウ）

F1：いままでとはひと桁違う性能の提供・いままでにはない新しい機能の提供
F2：ひと味違う性能・サービスの提供
F3：ひと味違う性能・サービスで、あなたの問題解決（ソリューション）の提供
F4：ローコスト・プライスまたはベスト・コンビニエンスの提供
F5：あなただけに他社より優れた性能・サービスの提供
F6：××という価値観では世界最高の性能・サービスの提供

（資料出所）「戦略ビジネス・プラットホーム」水島温夫著（ダイヤモンド社）

6 変化対応の勝ちパターンを明確にしよう

> **カンどころ** 第2創業を展開する場合には、独自性を極めることが大切です。独自性を極めるために必要なことは、ベストセラーよりもロングセラーを追求することです。

♠独自性を極めるオンリー・ワン企業「オハラ」

第2創業を展開する場合には、独自性を極めることが大切です。これから独自のポジショニング、独自の姿勢が非常に大切です。差別化も、コア・コンピタンス（Core Competence 中核的な独自能力）をもつことも、独自性です。いずれしても、この独自性を極めるためにはどうするかです。

具体的にはブラックボックスでオンリー・ワンの企業を形成している広角レンズのオハラです。

同社の小林常務は、「同じ材料を買ってきて、同じ生産設備で生産しても、当社と同じものができることはありません。極端な話、ガラス組成を開示しても同じものがつくれるとは限らない。つまり生産技術がブラックボックス化されているところに強みがある」と語っています。

筆者は、ブラックボックスをつくり活用することをお勧めします。

ブラックボックスは、マニュアルどおりではなく、知恵=ノウハウの結集です。特に情報の事業化で独自性を極めるには、他人に容易にわからない自社独自のブラックボックスをもつことが必要です。

このほか、独自性を極めるために必要なことは、ベストセラーよりもロングセラーを追求すること。これには、ナンバーワンよりもオンリー・ワン、つまり、量的成長より質的成長こそ、本物になる道だと思うからです。

♠創業の精神・経営理念に「ゆがみ」「ゆるみ」「ひずみ」が生じていないか

第2創業（継承的創業）で社長が、夢を見てドブにはまるケースが非常に多いのです。ですから、ドブにはまらないために強調しているのが、いついかなるときにも絶対曲げてはならないヘソ、すなわち不変の中心軸を忘れずに固定・堅持することです（次頁の図表25）。

創業の精神は、念頭から離さず活かすこと、守るというより活性化し続けることです。創業の精神が不明確であれば、先代から必ず継承してください。

経営の理念は、絶対に会社を潰さないという経営責任者としての思いをもち

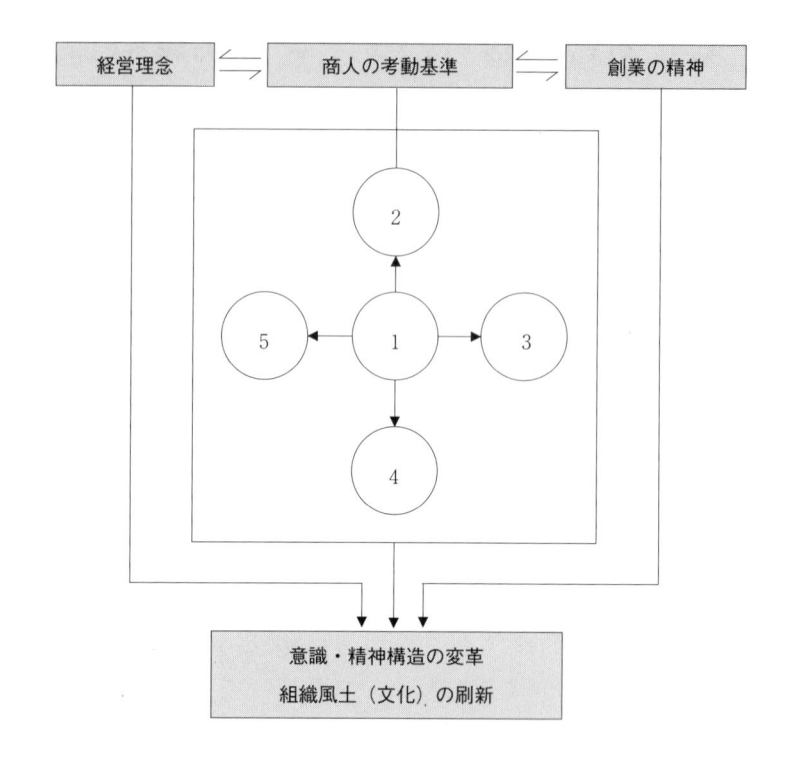

【図表25　決して曲げてはならない不変の中心軸】

```
┌─────────┐  ⇄  ┌─────────────┐  ⇄  ┌─────────┐
│ 経営理念 │     │ 商人の考動基準 │     │ 創業の精神 │
└─────────┘     └─────────────┘     └─────────┘
        │              │                  │
        │         ┌─────────┐              │
        │         │    ②    │             │
        │         │    ↑    │             │
        │         │ ⑤←①→③ │             │
        │         │    ↓    │             │
        │         │    ④    │             │
        │         └─────────┘              │
        ↓              ↓                  ↓
        ┌──────────────────────────────┐
        │  意識・精神構造の変革          │
        │  組織風土（文化）の刷新        │
        └──────────────────────────────┘
```

> ノート
> 1. **創業の精神**：自社の商法（原点）を見失わないこと
> 2. **経営の理念**：絶対に会社を潰してはならない！　責任経営に徹する
> 3. **商人の考動基準**：活性化を図る－社長ごっこ・経営ごっこの戒め

続けることです。

　考動の理念は、就業規則、職務分掌規定、権限規定などではなく、商人にとって大切な考動の基準です。商人の価値判断の基準でもありますから、必ず身につけてください。

♠**経営理念は外部の人からも共鳴共感を得られるものが望ましい**

　これからの経営考動は、社会やお客様をみつめ、51（利他）対49（自利）の法則を活性化しておかなければ、感謝される商い（金儲け）はできません。

　となると、経営理念は社内向きよりも社外向けに発信する必要があります。

それも、社会やお客様から共鳴共感が得られるものが望ましいのです。

例えば、医療法人徳州会は、次のように定めています（「頭の悪い奴が成功する」徳田虎雄著・祥伝社）。

(1) 理念
　・生命を安心して預けられる病院
　・健康と生活を守る病院
(2) 理念の実行方法（基本方針）
　① 年中無休、24時間オープン。
　② 入院保証金、総室大部屋の室料差額・冷暖房費等一切無料。
　③ 健康保険の3割負担も、困っている人には免除する。
　④ 生活費の立替え・供与をする。
　⑤ 患者からの贈り物は、一切受け取らない。
　⑥ 医療技術・診療態度の向上に絶えず努力する。

内向き一辺倒の理念・基本方針を、お客様から共鳴共感を得られる外向きに変革することをぜひ検討していただきたいのです。

♠商人の考動基準を守ることが、回りまわってお客様を・自社を守る

商いをするうえで大切な商人の考動基準とは、図表26の五つです。

【図表26　商人の考動基準】

項　目	説　明
(1) 自力本願	商人にとって頼れるものは自分以外にない。仕入先や銀行もありますが、最後は自力本願が決め手となります。
(2) 能力主義	月給泥棒が1人でもいたら大損。常に月給泥棒の退治を忘れないことです。
(3) 回転本位	回転本位とは、駒は回ればシャンとするではないかということで、商いは人もモノもカネも情報も回転本位でやることです。
(4) 販売優先	商品は良くても売れなくてはだめです。ただし、売る前に得ることが大切です。（顧客第一義）
(5) バランス発展主義	"屏風は広げすぎたら倒れる"というように、経営は調子に乗りすぎたらだめです。分相応が不可欠です。

この五つの考動基準を守ることが、回りまわってお客様、自社を守ることになります。また、この考動基準は事業を永続的に繁栄させていく基本動作でもあるのです。

♠ 変化対応の「勝ちパターン」を明確にする

　変化対応の「勝ちパターン」、お客様応答の「勝ちパターン」の明確化が必要です。

　かつて広岡監督は「勝者の方程式」という本の中で、監督は「常に『勝ちパターン』をつくらなければならない。こうすれば必ず勝つという確信は、味方にとって頼もしいものはなく、相手にとってこれほど嫌なものはない。「勝ちパターン」というものを監督は明確にしなければいけない。明確でないと、なかなか勝てるものではない」と指摘されています。

　いわゆるワンパターンでは勝てないということです。「勝ちパターン」の基本指針は、商略―お客様の心の上に立つためにはどうするか、戦略―競合する相手に勝つためにはどうするかを明確化にすることです。ついで必要不可欠な条件と、この不足・欠点を補うための十分条件は一体なにかとを考えて「勝ちパターン」を明確にします。

　ある食品会社の事例です。

(1)　基本商略・戦略指針
　ピンピン商法、高く売って安く売る商法。いわゆる高級品志向の商法です。

(2)　必要条件
　味、つまり品質。食品は鮮度が決め手です。

(3)　十分条件
　完売。売れなければ商いにはなりません。

　これを参考に、勝ちパターンを明示してください。どこにでもある経営方針を真似てきれいごとを並べる前に、変化対応・お客様応答で、いまなにが大切かを徹底することが重要です。

　この ③ の前半で学習してきた生き筋・ＳＢＰ・経営目標の「解」を図表23（81頁）の「会社の○年後の姿」の該当欄へ落とし込んでください。

　同じく ② で学習した創業の精神・経営の理念・商人の考動基準・勝ちパターンのなかで特に社内で遵守・徹底する事項を「曲げてはならないヘソ」の該当欄へ落とし込んでください。

　これが自社のポジショニング領域の明確化です。

　いずれにしても、社長や経営幹部は右手に変化対応の勝ちパターン（可変の中心軸）を、左手に曲げてはならない不変の中心軸を掲げて破格前進することです。

　この自社の旗（中心軸）が不透明だと、組織全体に迷いが生じ、異体同心のパワーが発揮できないからです。

7 創発(創造的発展)の方向性をみつけよう

> **カンどころ** 図表27の「うる51.4％」という数字は、市場・お客様に目を向けることが、儲けの道・商機をみつける方途だと示唆しています。

♠新しい事業の芽をみつけ出す

　新しい事業の芽を出すには前述（64頁の図表16）のとおり三つの機会（商機・契機・勝機）の探索から始めることです。

　しかし、実際問題として新たな事業の芽を出すにはどうするかですが、この商機・契機・商機をみつけるヒントを事例でみてみましょう。

♠商機をどうみつけるか－トップ・シェア形成の要因を知る

　図表27（次頁）は、「小さなトップ企業」がトップシェアを形成した八つの要因を商いの原点「つくる、つながる、うる」で対比してみたものです。

　「つくる」という観点からは、まず②の特殊な技術・製法・製品の開発と展開。③の新事業・商品分野の開発と新規事業化、⑦の職人技術・特殊技術による製品・仕組みづくりで商機をみつけ、新しい芽を出してきたことがわかります。

　また、「つながる」という視点は、お客様とどうつながっていくかですが、⑥の従来の体制に新しいシステムを導入、⑧の情報システムの専門化分野商品の開発で、商機をみつけ、事業化しています。

　そして、「うる」という観点からは、①の限定された市場におけるニーズへの対応、④のニッチ市場に特化して進める、⑤の高成長の特殊分野に着目したことが商機となり、新しい事業を開発しています。

　以上のように図表27を眺めてみると、「つくる」はメーカー、「つながる」は問屋、「売る」は小売・サービス業にとって商機を見い出し、商いの生き筋を探索する貴重なヒントになりますから、ぜひ参考にしてください。

♠契機をどうみつけるか－起点・きっかけが大切

　次に契機は、ヒント、きっかけをどうみつけるかですが、次頁の図表28の事例分析をみてください。

　契機についても、商いの原点「つくる、つながる、うる」に対比してみると、

【図表27　トップシェア形成の要因分類】

成長要因別分類	会社数	構成比%
① 限定された市場におけるニーズへの対応	27	38.6
② 特殊技術・製法・製品の開発と展開	19	27.1
③ 新事業・商品分野の開発と新規事業化	8	11.4
④ ニッチ市場に特化して進める	5	7.2
⑤ 高成長の特殊分野に着目	4	5.6
⑥ 従来体制に新システムを導入	3	4.3
⑦ 職人技術・特殊技術による製品、仕組み	2	2.9
⑧ 情報システムの専門化分野商品の開発	2	2.9
計	70	100

つくる	＝	うる
②（19）27.1%	⑥（3）4.3%	①（27）38.6%
③（8）11.4%	⑧（2）2.9%	④（5）7.2%
⑦（2）3.9%		⑤（4）5.6%
（29社）42.4%	（5社）7.2%	（36社）51.4%

【図表28　事業展開の起点・きっかけ】

起点・きっかけの内容	会社数	構成比%
① 独自の発想、研究、技術による事業展開	13	18.6
② 下請からの脱却、独立	7	10.0
③ 時流の変化（状況・環境）に対応した事業転換	7	10.0
④ 勤務先企業・親企業からの独立	7	10.0
⑤ 地場産業の蓄積技術、地域特性による商品・事業展開	6	8.5
⑥ 業種のなかから焦点を絞った分野に特化	5	7.2
⑦ 時流に適応したシステムの再構築	5	7.2
⑧ ユーザー・取引先からの新商品依頼、検討・研究依頼	5	7.2
⑨ 起業者の経験・技術を生かした商品・事業化	5	7.2
⑩ 先発企業の商品・事業システムを改善、後発として参入	5	7.2
⑪ 継承事業の再構築・拡大展開	5	7.2
計	70	100

つくる	＝	うる
①（13）18.6%	②（7）10.0%	③（7）10.0%
⑤（6）8.5%	④（7）10.0%	⑧（5）7.2%
⑥（5）7.2%	⑦（5）7.2%	⑩（5）7.2%
⑨（5）7.2%	⑪（5）7.2%	
（29社）41.5%	（24社）34.4%	（17社）24.4%

【図表29　トップの経営方針】

	トップの経営方針				
	①創業者の経営理念・哲学	②顧客の意見・要望を重視	③新商品、製品研究・開発重視	④「コア」技術を中心に事業展開	⑤流通販路の開拓整備・革新
会社数	8社	20社	17社	17社	8社
構成比	11.4	28.6	24.3	24.3	11.4

つくる	＝	うる
③ 17社　24.3%	①（8）11.4%	②（20）28.6%
④ 17社　24.3%	⑤（8）11.4%	
（34社）48.6%	（16社）22.8%	（20社）28.6%

（図表27〜29の資料出所）日経ビジネス連載「小さなトップ企業」70社の事例より（日経BP社）

「つくる」ところから芽を出したのが、①と⑤と⑥と⑨です。「つながる」から芽を出したのが、②と④と⑦と⑪です。「うる」から芽を出したのが、③と⑧と⑩です。

　図表28の下欄の分析表を凝視しながら、自社は、なにをヒント・きっかけにして事業を立ち上げるか、その契機を見出し、生き筋への道筋をみつけてください。

　図表28では「つくる」が全体の41.5％を占めていますが、これは生き筋への道筋をつけるには、強いものをつくり、もつことの大切さを教えてくれています。

♠勝機をどうみつけるか―勝機は経営トップの基本方針が左右する

　最後に勝機は、得手にどう帆をあげるかですが、これは、図表29のトップの経営方針によく現れています。

　トップの経営方針を商いの原点「つくる、つながる、うる」に対比してみると、「つくる」は③と④で48.6％、「つながる」は①と⑤で22.8％、「うる」は②で28.6％となっています。なにで勝機を目指していくかは、これをみれば一目瞭然です。

　そこで、お客様の意見・要望を重視し、勝機をみつけた企業の事例を紹介しましょう。

　横浜に本社のある健康食品の製造・販売を営むファンケルという会社は、最初は化粧品の添加物を扱っていましたが、防腐剤が入っている化粧品によって肌荒れに悩む人たちの潜在ニーズをかぎつけて、これを無添加化粧品の開発という形で事業展開をしたのです。

　お客様が本当に困っている、期待している、口に出さないけれどもこうありたいというお客様のウオンツ（Want）を重視し、これをビジネスチャンスとした事例です。

　勝機をつかむには、図表16（64頁）のかつ方程式にみるように、自社の得手・強みにお客様の用途（意見・要望）を結びつけたコア・コンピタンス（中核的独自能力）を「つくる」ことが大切です。

　図表16と図表27.28.29で学習し、試行錯誤の結果、得た三つの機会（商機・契機・勝機）開発の「実践解」を図表30（95頁）の該当欄に落とし込んでみてください。

　いままでなにかやらなければと思っていたことがかなり鮮明になってくるはずです。それでもまだ不鮮明な場合は、これを解決すべき経営課題として強く意識し、自分自身の潜在意識のなかに叩き込むことが必要です。この課題意識がいろんな情報収集の源になり、実践解に出会えるカギとなるからです。

8 事業商略は三つのポイントを押さえて設定しよう

> **カンどころ** 会社が昔優秀・いまピンボケ・明日は赤信号とならないように、自力本願姿勢を堅持して、仕事と自分自身に対決してください。

♠第2創業の柱を建てる事業・商品・サービス・を選択する

　事業領域・事業の選択、いいかえると事業商略の策定は、第2創業では最重要視すべき課題です。

　三つの機会の探索では、どこで儲けるか・誰に儲けさせてもらえるか（うる）なにで儲けるか（つくる）、どう儲けるか（つながる）を考えました。事業領域・事業の選択も、商いの原点に着眼し、どこの誰（市場やお客様）に、なにをどうつくり・どう買っていただくかを考えていきます。

　事業領域を考える場合、事業と市場・お客様を結びつけるわけですが、どこの、誰にというターゲットを絞ることが肝要です。つまり実際にお金が流れている市場でお金を支払っていただけるお客様にターゲットを絞って、どう応答していくかの検討です。

　すなわち、市場・お客様1人1人のニーズ・ウオンツ（Want）をつかみ、これに応答していくのが商品経営であり、サービス経営です。どこの誰に儲けさせてもらうか、つまり市場・お客様のターゲットを絞り、なに（事業、商品、サービス）をつくるかの「実践解」を図表30（95頁）の事業の選択欄に落とし込んでください。

♠できるだけ本業のなかで第2創業の生き筋（活路・針路）をみつける

　新たな事業・商品・サービス経営を展開する場合、他人の真似をしたり、話を聞いただけで、すぐに飛びつくのは失敗の確率が高いものです。

　したがって、カイハラやカクイの事例（78頁）でみたように、できるだけ現在の本業のなかで第2創業の生き筋をみつけることです。本業のなかに、生き筋がみつからなければ、本業の周辺においしい事業・商品・サービスはないかと周辺事業に目を向けます。さらに現在手をつけずにいて儲かる機会を逃している事業（機会損失事業）はないかを探ります。

　前出の建設会社は、受注産業のために経営が不安定で波が大きいことから周辺事業としてプレハブ住宅メーカーの施工をやったところ、うまくいきました。

また、住宅産業はクレーム産業ですから、新しい家を建てるだけでなく、いままで手をつけていなかったリフォームで成功した事例を紹介しました。

いずれにしても、本業とあまりかけ離れない事業（本業の周辺事業・機会損失事業）を選ぶことが大切です。

その理由として、一つは、本業の地の利を生かすことです。地域社会はすべてお客様ですから、その地の利を生かすべきです。

二つ目は、自社のもつ強み（機能・ノウハウ）を生かすことです。

三つ目に、本業とのギブ・アンド・テイクを忘れないこと。アフターサービスなどです。

繰り返し強調しますが、他人の無責任な話にただ乗りする前に、本業のなかに・その周辺にお客様からみた価値を見い出し、第2創業の柱を建てることを忘れないでください。

以上が事業商略策定上の第一のポイントです。

♠事業展開の基本方向は、物理的定義よりも機能的定義を重視する

事業は、Cお客様とF機能とTノウハウで決まると前述しました。なかでもF機能にかなりのウェイトをおくことが大事です。いいかえれば、事業展開の基本方向は、物理的定義よりも機能的定義を重視することです。

こんな事例があります。

R社は、ペンキ屋という物理的定義を「あなたの大切な財産をお守りする」という機能的（価値）定義に変えて、リフォームを展開してきましたが、現在ではリフォーム業から建築業へと更なる展開を図っています。

またK社は、石鹸という物理的定義から「汚れを落としてきれいにする」という機能（価値）的定義で事業を展開し、同業他社を寄せつけません。

「パン屋でなくヘルシー屋」という機能的（価値）定義でお客様のニーズに対応しているパン屋もあります。また「家庭の米びつを管理する」という機能的（価値）定義で頑張る米屋もあります。これは注文を受けてから配達するのではなく、お客様の消費量を事前につかみ、頃合いを見計らって配達するというサービスでうけている米屋です。

物理的定義だと、なかなか新しいメシの種がみつかりませんが、機能（価値）的定義に切り替えてみると、お客様が真に求めているモノ・コト・用途がみえ、メシの種がみつかるといった事例です。

以上が事業商略策定上の第二のポイントです。

♠事業経営のコンセプトを明確化する

　事業を展開していく場合、コンセプト（自分の考え方）を明確にする必要があります。

　有名なのがクロネコのヤマト運輸で、1975年末に新事業のコンセプトを自ら起草した小倉会長が、役員会に提案したのが"宅急便"というコンセプトだったといわれています。

　これに見習って、自社の事業経営のコンセプトを考え直してみてはいかがですか。

　いずれにしても、第2創業となると、"はじめに事業・商品・サービス経営のコンセプトありき"です。このコンセプトづくりが事業商略策定上の第三のポイントです。

　さて、ここで、①本業の見直しを中心にした周辺事業・機会損失事業のなかからみつけた第2創業の柱、②事業展開の基本的方向として案出した機能（価値）的定義を明確にした、③事業経営のコンセプトという「実践解」を、図表30の該当欄に落とし込んでください。

　以上のワークが事業商略の策定です。これには社長が地アタマを酷使し、素手で勝負する（本気で第2創業に取り組む）以外にありません。自力本願姿勢で対決（対面解決）し「実践解」を抽出し選択し明確にしてください。

♠下請中小メーカーの生き筋

　ビジネス破壊が惹起した不況は、これまでの不況とはまったく違いますから、従来の方法で生き残り策を考えても、おそらく満足のいく成果は望めないでしょう。では、どういう方策をとればよいかですが、名付けて脱3Kの勧めです。

(1) 何か一つの機能に特化する

　ズバリいって、現場の改善をいくらやっても儲かる仕組みづくりにはなりません。お客様にとって魅力のある工法・製法の開発に特化することです。

(2) 既存技術（ハード・ノウハウ）の応用を図る

　いま大手企業が取組みだしたように、「系列を越えてより高い技術・技能でモノづくりをする」会社を探して手を組むことです。

(3) 限界を知る

　自社が持ちこたえられる限界点（あと何年しかもたない）を直視し、いまなにをしなければならないか、なにができるかを真剣に検討します。そして生き筋の仮説を立てて、これしかないと腹を固めることです。

3 こうすれば儲かる！

[図表30]
事業商略・経営戦略（方策）検討表　第2創業まで勝ち組になる方程式を解く（2）　P↑－G↑＝C↓

II どんな（なにの）種をまき、どう育てるか？

実践ノート2

三つの機（事業機会）／商いの原点	つくる なにで儲けるか	儲ける どう儲けるか	うる どこで儲けるか	
◎商機：事業経営の生き筋を探る				・トップシェア形成の要因分類（図表27参照）
○契機：生き筋への道筋を探る				・事業展開の起点・きっかけ（図表28参照）
○勝機：得手・強みに帆をあげ、道筋を極める				・トップの経営方針（図表29参照）
◎事業領域（分野）	事業／なにをどうつくり	三／どう買っていただくか	市場／どこの誰に	対価計算
○事業の選択				
○事業展開の基本方向 物理的定義 機能（価値）的定義				
○事業経営コンセプト	○どのような価値（機能）を提供しようとするのか ―価値（機能）―	○どのような提供方法なのか ―提供方法―	○対象となる顧客（分野）は誰か ―お客様（分野）―	・社会の追い風

95

9 変革の方向を探りビジネススタンスを確定しよう

> **カンどころ** 10年1日の如く、同じ考動のもとでの同じ繰り返しでは、衰退あるのみです。何事も変革なくして発展なしと心得てください。

♠ビジネススタンスを確定する

　変革は、現在の事業構造やシステムをどうチェンジ・カットしていくか、いわゆる積極的なリストラの方向を探りビジネススタンスを確定することです。

　図表23（81頁）にみるとおり、自社のビジネススタンスの確定には、①事業構成をどうするか、②業態系をどうするか、③生態系をどうするかという三つのポイントがあります。

　①の事業構成は、まず本業を掘り下げます。次に周辺事業を見直します。そのあとは、機会損失事業を見直します。

　この点については、先に述べたように、自社は本当に本業で儲からないのか、あるいは周辺事業においしい仕事はないのか、そのほか機会損失事業はなにかをチェックをしていただきたいのです。そして本業の地の利を生かします。自社のもつ機能・ノウハウを生かします。最終的には、本業にギブ・アンド・テイクしていく事業をみつけることが大切だということは、既に強調してきました。

　次いで、②の業態系とは、売り方のことで、特色がなければなかなかお客様は見向きもしてくれません。

　そこで、自社の性格づけを明確にします。それは、次の三つのいずれかでメシを食っていくことを考えます。
(1)　専門技術、専門サービス系
(2)　インテグレーテッド系
(3)　プロフェッショナル・コンサルティング系

♠ローカル・地域に密着したビジネスを展開する

　中小企業の経営者は、専門技術・専門サービス志向が強いため、ともすれば独立ブランド、自社商品でメシを食うことを先に考えますが、これには時間・金・エネルギーがかかります。

　また、プロフェッショナル・コンサルティングでは、ノウハウがなければハ

ードの技術だけではどうにもなりません。

そこで、インテグレーテッド系（まとめ屋）を推奨します。まとめ屋の事例は後述しますが、単品で物を納品するのではなく、単品をまとめてお客様のソリューション領域に提案するという売り方が望ましいからです。

最後の場所的な問題である生態系は、①ローカルビジネス、②オールジャパンビジネス、③グローバルビジネスの三つが考えられます。

中小企業の場合は、ローカル・地域に密着したビジネスの展開がベターです。またオールジャパンビジネス（ビジネスの全国展開）の会社も、同一の商品を本部で一括して安く買って売りさばくという考え方はもはや通用しません。地域社会の特性を生かした地域密着のビジネスを展開することが必要です。

グローバルビジネスの展開は、大手の分野だから、中小企業の場合は比較的縁が遠いビジネスです。

さて、ここで図表23（81頁）のビジネススタンス欄に、以上の事業構成、業態系、生態系を確認しながら、自社の変革の方向を見定めて「実践解」を落とし込んでください。

♠棲息は下支えという方向を狙う

図表31（次頁）では、棲息の形態を①スタイル、②形質、③棲息の仕方の三つに分けています。

①のスタイルは、OEM（下請）でメシを食うか、下支えでメシを食うか、独立ブランドでメシを食うか、その他のスタイルでメシを食うかに分かれます。下支えによるメシの食い方が下請中小企業の当面の生き方であり、活かされ方だと強調しているのです。

事例をみてみましょう。

大阪の八尾市にあるパトライトという会社は、パトカーの回転灯や工場の信号灯などで高いシェアをもっていますが、それ以前は大手家電メーカーの下請でした。同社は、大手メーカーの度重なる値下げ要求に苦しめられて、社員が誇りをもてるような会社にしようと、自社商品の開発に取り組んだのです。

佐々木社長は、米国でみつけてきた中央にサイレンを組み込んだ横長のパトカーの回転灯を日本ではじめて製品化しました。それをもとに徐々に自社製品の比率を増やしていき、1985年に売上の6割まで自社製品が伸びたところで、大手メーカーとの下請契約を解消しました。

この事例のように、下請でメシを食うことは非常に難しくなってきましたので、まず棲息の形態のスタイルとして、下支えという活かされかつ生きる方向

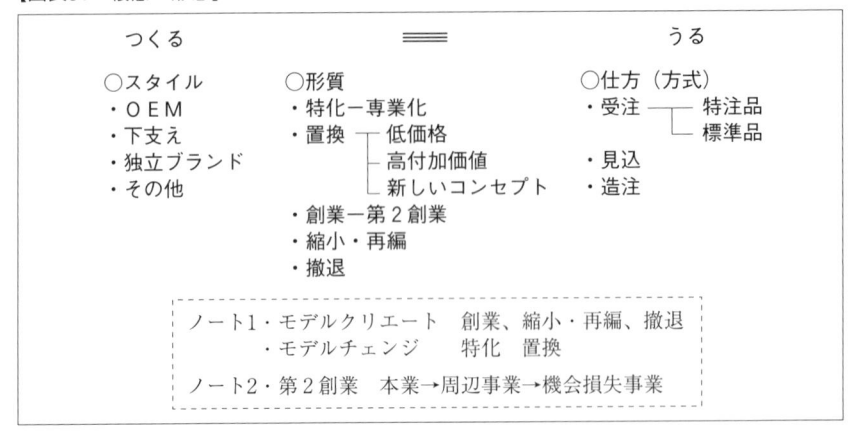

【図表31　棲息の形態】

```
        つくる              ＝＝＝              うる
    ○スタイル          ○形質              ○仕方（方式）
     ・ＯＥＭ           ・特化―専業化        ・受注 ─┬─ 特注品
     ・下支え           ・置換 ─┬─ 低価格          └─ 標準品
     ・独立ブランド            ├─ 高付加価値      ・見込
     ・その他                 └─ 新しいコンセプト ・造注
                        ・創業―第２創業
                        ・縮小・再編
                        ・撤退
```

> ノート1・モデルクリエート　創業、縮小・再編、撤退
> 　　　　・モデルチェンジ　　特化　置換
> ノート2・第２創業　本業→周辺事業→機会損失事業

を狙うべきだと思うのです。

②の形質も、図表31にみるとおり特化、置換え、創業、縮小・再編、撤退の五つが考えられます。

特化は、光学レンズのオハラの事例を参考にしてください。

置換えは、低価格に徹する、高付加価値でいく、新しいコンセプトでの事業展開を進めるやり方です。

どの形質にするにしても、中途半端は絶対だめなことはいうまでもありません。

♠「高く売って安く売る」商いを目指そう

商いは三態ありといわれますが、それは次の三つです。
(1) 安く売って、安く売る
(2) 安く売って、高く売る
(3) 高く売って、安く売る

(1)の商いとは、仕事量・受注量を確保するため、仕切価格・工場出価格を競合相手より安くし、お客様に安く買ったと思わせる商いをいいます。

(2)の商いとは、自社としては原価ギリギリで販売しているにもかかわらず、お客様からは他と比べてまだ高いと思われている商いです。この商いはもはや通用しません。

(3)の商いとは、販売価格は他社よりも高いが、お客様からは安い買い物をした、得をしたと思っていただける商いです。これが一番望ましい商いであることはいうまでもありません。

4 こうしなければ儲からない！
ーかつ経営を仮説検証する詳細設計のポイント

　ビジネス破壊に克つ&勝つ経営の核心は、得手・強みに帆をあげてかつ方程式を解くことです。その決め手は、①オンリー・ワンの商品経営、②プラス・ワンのサービス経営にあります。
　これを実現するポイントは、活かされ生き抜く可能性の探求いかんです。つまり経営幹部（役員・部課長）の仮説検証力と克つ&勝つ経営の実践解をつくり出す詳細設計のいかんにかかっています。
　そこで、克つ&勝つ経営の仮説を検証する詳細設計のポイントをまとめます。

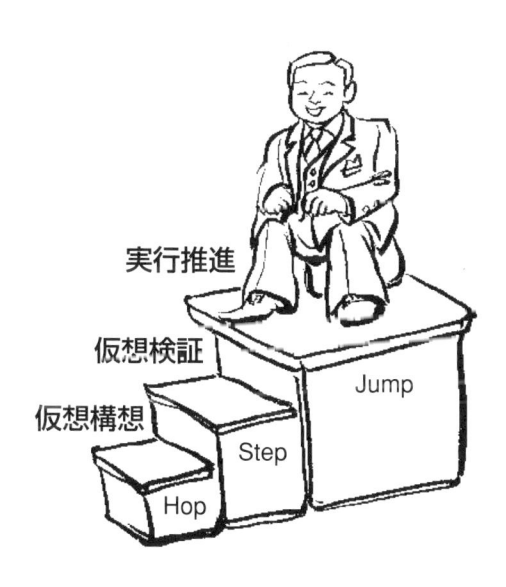

実行推進
仮想検証
仮想構想
Hop
Step
Jump

1 創発・変革を実現する仕組みをつくろう

> カンどころ　お客様からみた価値づくりの探求を主眼においた新しいビジネスの仕組みづくりには、①骨組み、②考える項目、③考える内容を整備しなければなりません。

♠儲かる＆儲ける仕組みをつくる

　商いで成功を収める方程式が変わったいま、お客様からみた価値づくりの探求を主眼においた新しいビジネスの仕組み（システム）づくりが急がれます。

　図表32（102頁）は、「ザ・創発＆変革のシナリオ」を練る、儲かる・儲ける新しいビジネスの仕組みです。新しいビジネスの仕組みをつくるには、62頁で述べた①骨組み、②考える項目、③考える内容を整備しなければなりません。

♠骨組みの設計とは

　図表32（102頁）の骨組みの設計には、マトリックスのマスト（Must）と、ウオンツ（Want）、ドゥ（Do）部分との組合わせとバランスが大切です。骨組みで重視しなければならないのが、マスト（Must）"これで"の部分です。

　そこで、図表32のマスト"これで"（太字で囲んだマトリックス）の中身、いわゆるブラックボックスを埋めるために時間とエネルギーを傾注します。

　それは解決すべき課題（実践解）の抽出・選択・設定です。

　このワークが不十分だと、せっかく立てた経営計画や利益計画の下方修正を繰り返さなければならないからです。

♠考える項目とは

　考える項目は、ズバリどう儲けるかです。これには、①外部からどう頂戴するか、②内部からどう捻出するか、③自らどう創出するか、という三方向から儲かる・儲ける策を考えて、あらかじめ詰めておく必要があります。この詰めの段階で、実行の可能性を的確に見極めておくことが大切です。

　なお、どう儲けを捻出するかを検討する際には、儲けたカネをどう使うかの先行投資と、余力・信用力の確保・蓄積を忘れないようにしてください。

♠考える内容とは

　考える内容のポイントは、トップが仮説構想したウオンツを誰がどう検証し

ていくかです。
　具体的には、図表32の外部から儲けを頂戴するブラックボックスをどう埋めていくか、いいかえれば解決すべき課題の設定、これが考える内容になります。

♠三つのシナリオを用意しよう
　シナリオは、①Aは楽観論で、普通だったらこれぐらいはできるだろうというもの、②Bは中間論で、③Cは悲観論、の三つを作成します。
　中間論というのは、例えば70％できれば上出来という悲観論と、100％実現可能だという楽観論の中間を取って、85点くらいのシナリオをつくることです。
　創発・変革のシナリオは三通りつくっておいて、AがだめならBだというように、変化に対応できるようにしておきます。楽観的な経営計画だけを立て、客観情勢が変わるつど下方修正を繰り返すよりも、当初から三つのシナリオをつくっておいて、対応するのが現実的だからです。
　それに、営業部門からあがってくる売上計画は「がんばらねば」「がんばるぞ」という意識の強い数字ですから、この楽観的な数字で資金繰りを考えのは非常に危険です。
　売上は期ごと、月ごとに大きくばらつきますから、資金繰りは、Bの中間論かCの悲観論のシナリオに基づいて立てておくほうが、対金融機関等の信用面からも望ましいのです。売上の修正ばかりやっていると、不信を抱かせることになりかねません。
　したがって、シナリオはA、B、Cの三つを用意しておくのが適切なのです。

♠いま打つ手－自ら儲けを創出する
　最後に、シナリオのDoはいま打つ手になります。
　いま打つ手とは、自ら儲けを創出することです。例えば"誰が""いつまでに"、"どれだけ"という解決すべき課題に目標をつけたプロジェクトをどうクリアするかを考えるのです。
　ビジネス破壊の渦中にあって、それなりに業績を上げている会社の社長にみられる共通点は、①頭がよい……とにかく四六時中地アタマを酷使している、②運がよい……"継続は力なり"、力が運を呼ぶといわれますが、とにかくここ一番の粘りを発揮する力は凄い、③あくなき向上心……決して現状に満足しない、の三つです。
　働くを"俤"に置き換えて仕組みに魂を入れてください。

【図表32 課題解決型事業計画書】

ザ・創発＆変革のシナリオ　　　　　　実践シート4-1

社・部　　長・中期（　ヶ年）事業再構築計画
　　　　　　　　　　　　　　よし、これで、いくぞ！！　作成　年　月　日　㊞

◎Want　よし　＜志＞　　　（操）勝ちパターン
　　　　　　　　　　　　　　　├ 基本戦略指針
　　　　　　　　　　　　　　　├ 必要条件
　　　　　　　　　　　　　　　└ 十分条件

◎Must　これで
　　　　　　　　　　　フシ

核	ベース／業績／目標 変化対応、お客様への応答（お客様からみた価値の創造） パス（三つのOne）	Hop年度（　～　） 売上／受注活動／造注	Step年度（　～　） 売上／受注工策／造注	Jump年度（　～　） 売上／受注工策／造注
		プラス・ワン	オンリー・ワン	ベスト・ワン
		サービス経営で競合相手に勝つ	商品経営で真のライバルであるお客様に克つ	外部環境の変化を先取りする（贏つ）

・外部から儲けを頂戴する	つくる			
ブラック・ボックスを埋める！	つながる（≡）			
	う　マーケット			
	得意先（ユーザー）			
	る　ユーザーニーズ			
	競合相手（競合メーカー）			

・内部から儲けを捻出する	◎売上高	／月	／月	／月
	◎限界利益	／月	／月	／月
	◎損益分岐点売上高	／月	／月	／月
	◎損益分岐点操業度			
	◎先行投資額	／年	／年	／年
	◎余力・信用力			

◎Do　いくぞ！！

・自ら儲けを創出する	いま打つ手 ［対外的／対内的／プロジェクト］	Hopするための手	Stepするための手	Jumpするための手
		1. 2. 3. 4. 5. 6. 7. ・・ ・・		
	シナリオ　A 楽観論			
	シナリオ　B 中間論			
	シナリオ　C 悲観論			

2 商品経営の実践で外部から儲けを頂戴しよう

> **カンどころ** 商品経営では、真のライバルであるお客様との知恵比べにかつ（克つ）ことを考え、オンリー・ワンの商品を開発し経営するのです。これを「克つ商品経営」と呼んでいます。

♠ウオンツ（Want）を明確にする

　図表33（106頁）のウオンツ（Want）の実現には、外部から儲けを頂戴する以外にありません。外部から儲けを頂戴するにはどうするかですが、ポイントは事業の核（コア）である商品経営にあります。図表32のマスト（Must）のブラックボックス内のStep欄をみてください。

　商品経営とは、商いの原点「つくる、つながる、うる」に着目し、この原点から発想し商品を経営することをいいます。商品経営では、真のライバルであるお客様との知恵比べにかつ（克つ）ことを考え、オンリー・ワンの商品を開発し経営するのです。これを「克つ商品経営」と呼んでいます。

♠明確にしたウオンツ（Want）を具体的に示す

　図表33では、商いの核である克つオンリー・ワンの商品を開発し経営する道筋を示しています。

　大切なことは、社長の示したウオンツ（Want）をホップ（Hop）、ステップ（Step）、ジャンプ（Jump）と三つに刻んで食べることです。具体的には、ホップというのは今日の仕事、ステップというのは明日のためにいまやる仕事、ジャンプというのは明後日のためにいまやる仕事、という具合に三つに刻み、お客様からみた価値をつくり続けます。

　そのポイントは、次のとおりです。

(1)　プラス・ワンの価値づくり

　ホップの段階は、プラス・ワンの価値づくりです。これは、商品経営のコンセプトや方向性について、各部門のベクトルを統一することが課題です。

　つくる部門とうる部門、開発部門や宣伝部門が個々ばらばらだと非常に効率が悪くなります。また、部門意識が先に立って、お客様のことを忘れた商品経営となってしまいます。そうした状態ではうまく事が進みませんから、あらかじめ部門間のベクトルを統一しておくことが大事なのです。

(2) オンリー・ワンの価値づくり

ステップの段階は、オンリー・ワンの商品経営の中核となるオンリー・ワンの価値づくりです。ここでは商品の存在価値をどうつくるかが最大の課題です。他社は、すぐ真似をしたり、追いついてきますので、オンリー・ワンの価値をつくり続けなければなりませんが、やはり他社との違い、差別化の探求が最も大事なポイントです。

(3) オンリー・ワンの価値の提案－受注工策

ジャンプの段階は、オンリー・ワンの価値の提案です。モノはつくったものの、この価値をどうお客様に提案し買っていただくかが課題です。

お客様とのつながり開発をどう進めるかですが、これには、これまでのようにつくったものを「うる」（売る）受注活動ではなく、工夫して策を練りあげる受注工策が大事です。

とにかく、今日の延長線上に明日が、明日の延長線上に明後日があるのではなく、今日と明日との間にはフシ（壁）があり、同じく明日と明後日の間にもフシ（壁）があります。このフシ（壁）をホップ・ステップ・ジャンプして越えなければなりません。いいかえると、自力革新が必要性なのです。

♠実践シートのブラックボックスを埋める

克つオンリー・ワンの商品経営でフシ（壁）を超える自力革新とは、図表33にみるとおり、ホップ・ステップ・ジャンプの実践シート（5.6.7）のブラックボックスをどう埋めるかが決め手になります。

このブラックボックスをどう埋めるかは、下段の「かつ方程式」を解きます。「かつ方程式」を解くとは、①得手・強みに用途を結びつけ、これに優位性を結びつけて得意先からの注文をどう頂戴するか、②そして、注文をいただいた後はお客様の満足と末永くご愛顧いただくにはなにをどうするか、③最終的にはご満足・ご愛顧をいただいたお客様に、自社のファン（固定客）となっていただくにはなにが大切かを考えていくことです。

このように得手・強みに帆をあげ、刻んだ道筋（ホップ・ステップ・ジャンプの階段）をよじ登ることが、自力革新には欠かせません。

♠技術を経営の中枢におく

外部から儲けを頂戴する商品経営では、技術を経営の中枢におくことが重要です。図表34（107頁）にあるように、差別化の唯一の武器は技術力だからです。

従来の経営計画は、数字が中枢を占めていましたが、第2創業のように、創発と変革の可能性を追求するためには、技術が中枢を占めなければなりません。

図表34のように、プラス・ワンの価値づくりには、ハード面の品質、ソフト面の設計力・技術コンサルティング、サービス面のクイックデリバリーのような技術課題を追求していくことが大切です。

また、オンリー・ワンの価値づくりには、①生産技術、②製品技術、機能設計の技術、③用途開発の技術などのなかで、大切なのは③の用途技術です。

技術開発は用途開発だといわれる唐津一先生の指摘を要約すると、次の三つです。

(1) 技術開発とは、モノをつくることである。
(2) 勝負は新しい用途に気がつくか、気がつかないかだけである。
(3) 新しくつくり出せる可能性は、なにがあるかについて考えていくこと。そのキーワードは、「困るから、新しい技術は生まれる」です。

お客様が困っている情報（宿題）を解くことによって、新しい技術が生まれるというわけです。これが東海大学教授の唐津一先生からのアドバイスです。

♠用途開発こそ生き残る道である

事例を二つ紹介しましょう。

製材業のY社は、本業周辺で新市場・新顧客の商品開発をなんとかものにしたいと考えて取り組んできました。その結果、加工した木材をビニールでラッピング（包む）することによって、腐らない建築用素材を開発したのです。

この素材を活かした住宅用の水に強いキッチン・ドアをつくり、プレハブメーカーに提案したところ、採用となり、以後は受注量が増えて業績を大きく向上させることができたのです。

また、和紙メーカーのI社は、取引先の要望をうけて、印刷時に静電気が発生しない紙づくりに成功しました。同社の工場長は、静電気を除去する装置を開発し、そこにロール上の紙を通すことで静電気を除去する工法を編み出したのです。これは、和紙を印刷特性に適合させた用途開発です。

いずれの事例も、社長の強力なリーダーシップのもと、技術に強い経営幹部の試行錯誤（仮説の検証・修正考動）の末、独自の工法＝用途開発に成功したものです。

多くの社長は、独自のモノをつくりたいという気持はあるけれども、到底無理だと諦めておられるように見受けます。よく考えていただきたいのです。はじめから独創的なアイデアや技術をもっている会社ばかりではありません。

むしろY社のように危機感と焦燥感が、またI社のようにお客様の要望に徹底的に応えたことが前途を拓いたのです。用途開発こそ生き残る道なのです。

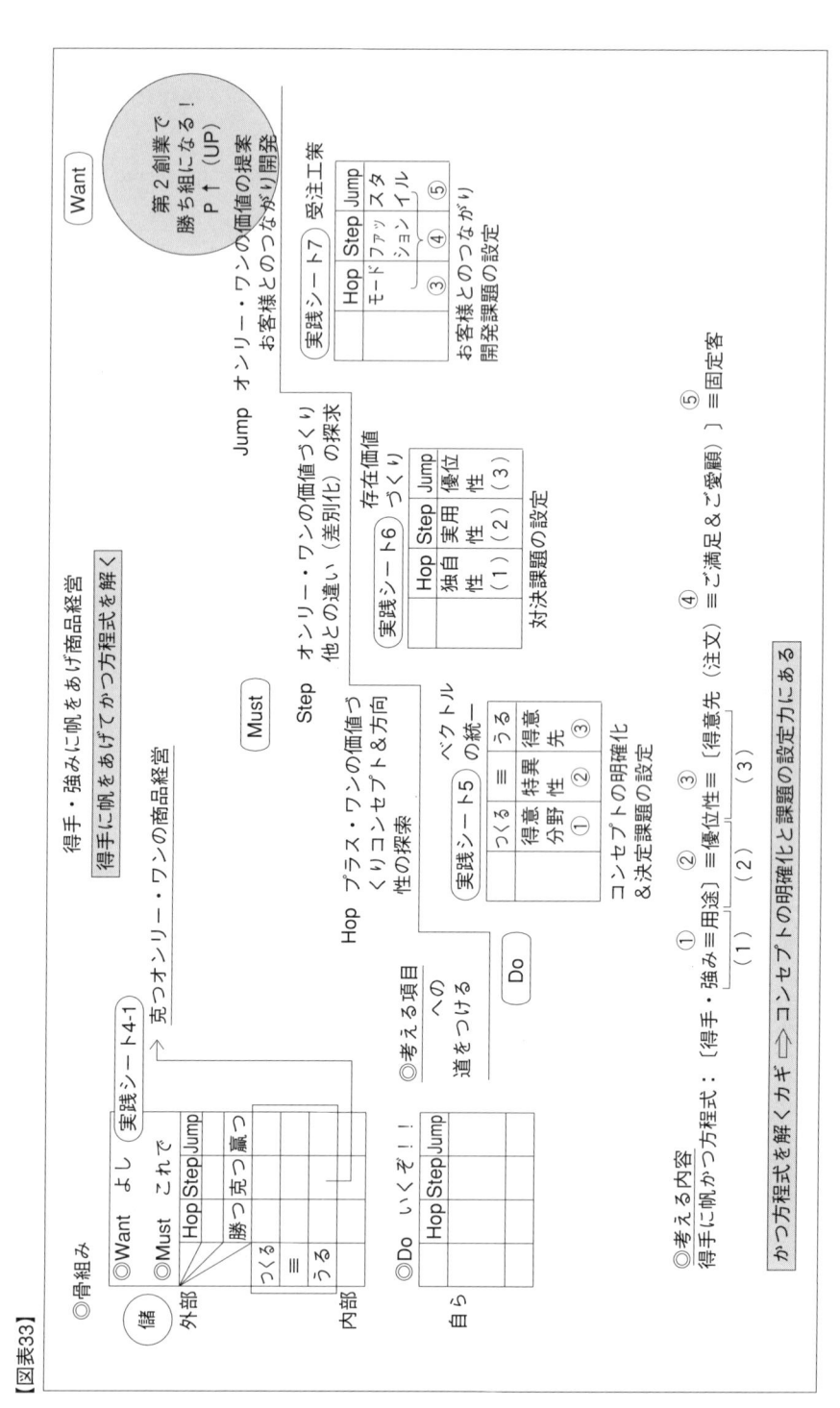

[図表33]

○骨組み 得手・強みに帆をあげ商品経営
得手に帆をあげてかつ方程式を解く

○Want よし
○Must これで
儲 → 克つオンリー・ワンの商品経営

外部 勝つ 克つ 贏つ
	Hop	Step	Jump
つくる			
亖			
うる			

内部
	Hop	Step	Jump
自ら			

○考える項目
への道をつける

Do いくぞ!!

Hop プラス・ワンの価値づくり コンセプトの探索
他との違い（差別化）の探求
Step オンリー・ワンの価値づくり
Jump オンリー・ワンの価値の提案 お客様とのつながり開発

Want
第2創業で勝ち組になる！
P ↑ (UP)

実践シート4-1

実践シート5 ベクトルの統一
得意分野	特長	優位性
①	②	③
(1)	(2)	(3)

コンセプトの明確化 & 決定課題の設定

実践シート6 存在価値づくり
Hop	Step	Jump
独自性	実用性	優位性
(1)	(2)	(3)

対決課題の設定

実践シート7 受注工策
Hop	Step	Jump
モードファッション	スタイル	ドリル
③	④	⑤

お客様とのつながり開発課題の設定

○考える内容
得手に帆かつ方程式：〔得手・強み＝用途〕＝①　③＝優位性＝〔得意先（注文）〕　④＝ご満足＆ご愛顧〕〕　⑤＝固定客
(1) (2) (3)

かつ方程式を解くカギ ⇨ コンセプトの明確化と課題の設定力にある

4 こうしなければ儲からない！

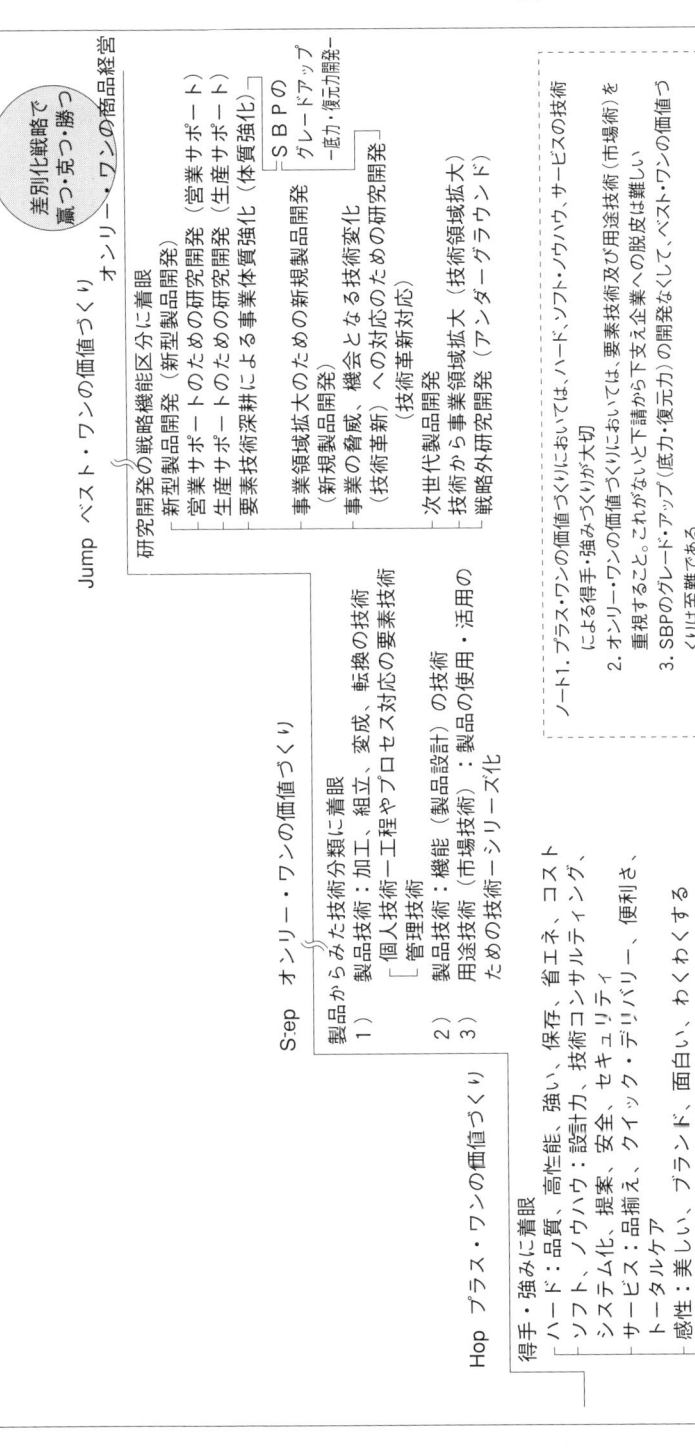

【図表34　差別化の唯一の武器は技術力にある】

差別化戦略で
贏つ・克つ・勝つ
オンリー・ワンの商品経営

Jump ベスト・ワンの価値づくり

研究開発の戦略機能区分に着眼
　新型製品開発（新型製品開発）
　営業サポートのための研究開発（営業サポート）
　生産サポートのための研究開発（生産サポート）
　要素技術深耕による事業体質強化（体質強化）
　　　　　　　　　　　　　　　　SBPの
　　　　　　　　　　　　　　　　グレードアップ
　　　　　　　　　　　　　　　　―底力・復元力―

事業領域拡大のための新規製品開発
　（新規製品開発）
事業の脅威、機会となる技術変化
　への対応のための研究開発
　（技術革新対応）
次世代製品開発
技術から事業領域拡大（技術領域拡大）
戦略外研究開発（アンダーグラウンド）

Sep オンリー・ワンの価値づくり

製品からみた技術分類に着眼
1）製品技術：加工、組立、変成、転換の技術
　　　　　　［個人技術―工程やプロセス対応の要素技術
　　　　　　　管理技術］
2）製品技術：機能（市場技術）（製品設計）の技術
3）用途技術（市場技術）：製品の使用・活用の
　　　　　　　ための技術―シリーズ化

ノート1．プラス・ワンの価値づくりにおいては、ハード技術、ソフト、ノウハウ、サービスの技術
　　　　による得手・強みづくりが大切
　　2．オンリー・ワンの価値づくりにおいては、要素技術及び用途技術（市場技術）を
　　　　重視すること。これがないと下請からの脱皮は難しい
　　3．SBPのグレード・アップ（底力・復元力）の開発なくして、ベスト・ワンの価値
　　　　づくりは至難である

Hop プラス・ワンの価値づくり

得手・強みに着眼
　ハード：品質、高性能、強い、保存、省エネ、コスト
　ソフト、ノウハウ：設計力、提案、技術コンサルティング、
　　　　　　　　　システム化、安全、セキュリティ
　サービス：品揃え、クイック・デリバリー、便利さ、
　　　　　　トータルケア
　感性：美しい、ブランド、面白い、わくわくする
　信用
　文化

（資料出所）「最強の研究開発戦略各システム」赤岩政基著（ダイヤモンド社）・「ドメイン・アイデンティティ」三善総研事業コンサルティング室著（ダイヤモンド社）

3 プラス・ワンの価値づくりはコンセプトを明確にしよう

> **カンどころ** ビジネスの世界は正解がありませんから、「これだ！」という答えが出せません。それだけに最初から商品コンセプトを明確に打ち出すことが、非常に重要になります。

♠事例研究１/既存の事業を活かした興研

　技術や設備はあるのに、自ら需要を生み出せない製造業は、いままさに大ピンチです。これをどう打開するかについてみてみましょう。

　こんな事例があります。

　国の研究施設と共同開発した防塵マスクでいち早くトップシェアを獲得した興研という会社（東京都千代田区）の原動力は、徹底して技術開発にこだわる姿勢にありました。

　同社では、独立した研究所を30年前に設立したのをはじめ、いまも全従業員の３分の１が研究開発に従事しています。研究所は５年ないし10年後の事業化を目指した基礎研究、それから工場は研究所でみつけたシーズを３年後の事業化に結びつけるためのアプローチ、本社ではマーケティング部隊と共同で市場ニーズに合わせた商品開発、と役割を分担させています。

　発展のきっかけとなった防塵マスクも、当初は、国の研究機関が別の大手企業に声をかけたが断られたため、興研に白羽の矢が立ったといういきさつがあります。

　こうした千載一遇のチャンスを生かせたのは、外国製や先行メーカーよりも優れた製品を開発してきた技術を応用したからです。後発だった防毒マスクでも瞬く間にトップの一角にのし上がりました。

　いわゆる既存の事業から新しい商品を生み出した事例です。

♠事例研究２/新しい事業を生み出した白鳳堂

　もう一つ、事例を紹介しましょう。

　広島県熊野町に本社のある白鳳堂という会社です。古くから書道用の毛筆の一大産地として知られる土地に本社を構えている同社は、筆の伝統技術を生かす新分野として選んだのが、口紅や頬紅、アイシャドーなどを塗ったりぼかしたりするときに使う化粧用のブラシです。

　同社の化粧用ブラシは、1995年に初めて海外化粧品メーカーにＯＥＭ（下請

で供給して以来、いまでは世界の高級化粧用ブラシ市場シェアの6割近くをもっています。白鳳堂の化粧用ブラシの人気が高い理由は、ひとえに使い勝手のよさにあります。筆先の当たりが柔らかいので肌触りがよく、硬いブラシで化粧すると出やすい捌け目（スジ）が出にくいのです。この品質を支えているのが、途中で切れてしまったような不良な毛を取り除く「さらえ取り」という技術だそうです。

毛筆の産地である熊野町には、この浚え取りの技術者がたくさんいることが幸いしました。とはいえ、単に伝統技術を流用しただけでは競争の激しい消費財分野では勝ち残れません。

そこで、低コストで高品質ブラシを大量生産するために、製造工程に分業と機械化を導入しました。コアの技術は職人に任せていますが、生産はパートの従業員でもこなせるようにすることで、海外化粧品メーカーにＯＥＭ供給できる体制を整えたのです。

♠商品コンセプトをつくるための2大要件

設備や技術をもっていても、需要が生み出せない製造業が非常に多いなかで、上記の二事例は、「つくる」だけではなく、いかに「うる」か、つまり買っていただくかを考えていかないと、打開の道がみつからないということを教えてくれています。

そこで、「うる」の打開策ではなにが大事かを考えてみましょう。価値づくりでは、オンリー・ワンの価値を狙うのが当然ですが、ここではプラス・ワンの価値づくりについてみていきましょう。

ビジネスの世界は、正解がありませんから、「これだ！」という答えが出せません。それだけに最初から商品コンセプトを明確に打ち出すことが、非常に重要になります。

図表35（111頁）の新しいコンセプトによる置換えとは、いままでの事業や商品に、改めて新しいコンセプトを定め、自社の顔を明確にすることです。

プラス・ワンの商品経営でも、市場やお客様に提案するコンセプトづくりが大切ですが、これには、次の二つの条件があります。

(1) ターゲットとする市場や顧客ニーズを的確に満足させるものであること。
(2) 内容は他にないユニークなものであること。

これが商品コンセプトづくりの第一の条件です。

第二の条件とは、次の二つの目的を具現するコンセプトであることが必要となります。

(1) 市場、お客様に対して、商品はハードだけではなく、ソフト・ノウハウも商品としてアピールできる。
(2) 社内でその商品（ハードだけではなくてソフト・ノウハウを含めて）、ベクトルが合わせられるもの、いわば社の内外から共鳴共感が得られるものが望ましい。

♠お客様からみた価値の提案を行う

図表35で、商品経営のコンセプトづくりを考えましょう。

まず商いの原点「つくる、つながる、うる」に着眼します。そして、「うる」機会を開発する方向性をお客様の視点に立ち、お客様からみた価値の開発「つくる」を行います。

それから競争優位性の構築と、お客様への「つながり」開発という順番で中身を詰めていきます。（既に述べたかつ方程式、それに三つのトクイの整備を思い出していただければ、おわかりいただけると思います）

続いて、コンセプトづくりのポイント欄に眼を移してください。①「つくる」は対象となるお客様・分野に対して、どのような価値・機能を提供しようとしているのか。②３本線の「つながる」は、どのような提供方法がよりベターなのか。③「うる」は、対象となるお客様はどこの誰なのか。それぞれにターゲットとなるお客様の絞込みを考えていきます。

以上が商品コンセプトづくりのポイントです。

♠L社のコンセプトづくりから学ぶもの

図表35の中段は、磁気ヘッド加工用の超高精度ホイールをつくっているL社の事例です。

「かつ方程式」をヨコ軸にして、「つくる」は、どのような価値をどうつくるか、「つながる」は提供方法をどうするか、「うる」はターゲットとするお客様は一体誰なのかについて、事例をみながら自社の商品コンセプトを掘り下げてください。

いずれにしても、社長と経営幹部が異体同心（異なったな体で同じ心）で勝負をかけることが重要です。いいかえれば、自社部門の商品に革新的な自己主張の魂を吹き込むことです。

需要を生み出すためには、市場やお客様から共鳴共感を得ることが必要であり欠かせないことを再認識し検討してください。

4 こうしなければ儲からない！

【図表35 勝手に帆機会開発戦略課題】

信者＝信者づくり＝得意先（お客様）＝注文

事業商略・経営戦略（方策）検討表

実践シート5

・コンセプト（事例）　　　　　　事例：L社

コンセプトづくりのポイントおよび定義	商いの原点	つくる	二	うる
	機会開発の方向性	お客様からみた価値開発	競争優位性の構築	つながり＆業態開発
	三つのトクイ	得意分野　用途	特異性、一日の長	得意先（注文）
	かつ方程式	[得手・強み＝用途（分野）＝優位性＝得意先 注文］＝満足＆ご愛顧］＝固定客
コンセプトづくりのポイント		○対象となるお客様（分野）に対して、どのような価値（機能）を提供しようとするのか ―価値（機能）―	○どのような提供方法なのか ―提供方法―	○対象となるお客様（分野）は誰か ―お客様（分野）―
○物理的定義砥石（超高精度ホイール）		○難削材料のミクロン単位のみがき加工精度	○加工対象物別にきめ細かな加工情報の提供	○磁気ヘッド業界
○機能（価値）的定義ミクロ単位の精度みがき		○従来製品の3倍から5倍の生産性		
				◎商品 経営の生き筋磁気ヘッド加工用の超高精度のホイール ◎勝ちパターン ・基本戦略指針 ・必要条件 ・十分条件
				○社会の造り風デジタル化

（資料出所）「研究開発型ベンチャーの企業戦略と組織構造」横浜市中小企業指導センター編

4 製・技・販同盟でベクトルを統一し決定課題を設定しよう

> カンどころ　製造・技術（開発）・販売が異体同心で、なにをなすべきかという役割（部門別の決定課題）を確認し、ベクトルを統一すると商品経営の方向性が一致してきます。

♠みんながお客様の立場になって考える

前述したコンセプトのつくり方を念頭に、つくる人も、企画する人も、販売する人も、お客様の視点に立ち、お客様はなにに代金を支払ってくれるのかという共通の課題意識と対価計算でもって、「かつ方程式」を解く必要があります。その際、大切なことは虫瞰（部門意識）ではなく、鳥瞰（全社意識）で、「かつ方程式」を上から眺めることです。そして転位深慮、すなわちお客様の目線で考動するのです。

♠製・技・販同盟でベクトルを統一する

すでに指摘しているとおり、タテ割り組織の弊害は、全体最適よりも部分最適を考えることにありますから、その現実からどう脱するかが課題になります。

それには、製造・技術（開発）・販売が異体同心で、それぞれの異なった職能部門が同じ心でなにをなすべきかという役割（部門別の決定課題）を確認し、ベクトルを統一することが大切です。

そこで、図表36（114頁）の方向性探索決定課題欄に着目してください。

ここで大切なことは、お客様を心にすえて、社内外の壁を取り払うの原則に則り、製造・技術開発・販売の各部門がそれぞれ解決すべき課題を設定するそのポイントは、次の2点です。

(1) 何事も目的が不明確なまま、各部門別の課題をもち寄っても全社的な答になりにくいものです。ですから、手段からではなく、目的から入ります。

(2) 「かつ方程式」のつながり（≡）の部分を眺めながら、製造・技術・販売の各部門は、それぞれいまなにをなすべきかを全社的見地に立って、徹底的に議論し答をみつけ出すのです。

「かつ方程式」のなかでは、この「つながる」という3本線に注目してください。つまり①得手と用途との間のつながり、②得手・強みと用途とをひっくるめた中核的独自能力と優位性との間のつながり、③優位性と得意先からの注文との間のつながりには、特に気を使わなければなりません。なぜならば、こ

のつながりが、部門間でお客様からの情報（宿題）を加工し、提案する……情報を事業化するワークそのものだからです。

このようにしてベクトルを統一し解決すべき課題を確認仕合うと、自ずから商品経営の方向性が一致してきます。

以上が、各部門の決定課題を抽出し選択し設定していくワークであり、決して手抜きをしてはならないのです。

なお、差別化の武器はあくまでも技術にあることを念頭に置きながら、図表34（107頁）を参考に決定課題を設定してください。

図表36の中身である「つくる」はハード、「つながる」はソフト・ノウハウ、「うる」はサービスという具合に、他社との間にプラス・ワンの差をどうつけるかが大事です。

この場合、すでに指摘した三つのトクイ（得意分野・特異性・1日の長・得意先）に着眼し、この三つのトクイがどれだけ整備できるかが決め手となります。

♠情報・知識を共有しお客様からみた価値を創造する

いずれにしても、各部門と一緒に課題を抽出する人たちが①自社の得意分野は一体なにか、②ユーザーが真に求めているモノ・コト・用途は一体なにか、③競合する相手に比しての特異性（一日の長）をどうつくっていくか、④ターゲット分野（真のお客様）は誰なのかという情報や知識を共有しなければなりません。

そうすることで、「つくる」は主として製作部門、「つながる」は主として技術部門、「うる」は販売部門が、それぞれなにをするかという解決すべき課題を抽出し選択し設定した決定課題を、図表36の中段にある方向性探索決定課題欄へ落とし込んでください。

いいものをつくれば売れた時代の終焉は、お客様の顔をみず、ターゲットも不明確なまま技術開発や商品開発を行っても、売れないことを示唆しています。

「うちにはいい技術がある。うちの設備はたいしたものだ」といっていても、需要の創造はできません。自分や会社がいいものだと思っても、お客様が真に求めているモノ・コト・用途と結びつかなければ、本当にいいものではないのです。ここに発想を転換する必要性があります。

商品経営では、お客様からみた価値を創造しなければ、需要を生み出すことはできないことに留意してください。

[図表36]
オンリー・ワンの商品経営
かつ方程式を解く(1)

事業商略・経営戦略(方策)検討表
―方向性の探索 決定課題の抽出・選択・設定―

実践シート5-1

商いの原点		つくる		うる	
機会開発の方向性		お客様からみた価値開発	競争優位性の構築	つながり&業態開発	
三つのトクイ	得意分野	用途	特異性、一日の長	得意先(注文)	
コンセプト& 役割・部門別 決定課題	かつ方程式	[得手・強み=用途]=[優位性=特異性=[得意先(注文)=満足&ご愛顧]=固定客			
コンセプト					
方向性探索決定課題 ―どこで、なにをするか―					社会の追い風
検討部門&参加者氏名		○製造部門	○技術・開発部門	○販売部門	○その他、オブザーバー
		ハード		ソフトノウハウ お客様との接点/サービス	

◎(商)(品)経営の生き筋
◎勝ちパターン
・基本戦略指針
・必要条件
・十分条件

(注)1. 差別化の武器は技術力にある
2. 製・技・販同盟でベクトルを統一すること

5　得手・強みに帆をあげ、オンリー・ワンの価値をつくろう

> **カンどころ**　元気印の会社には、他社にない独特の持ち味・らしさが必ずあります。お客様からみて自社の魅力はなにか、共鳴共感を得るものはなにかを問い続けましょう。

♠オンリー・ワンの価値づくりのための特化戦略

　得手・強みに帆をあげ、オンリー・ワンの価値づくりのためには、事業特化や、市場への特化などが必要です。

　事業特化の事例をみてみましょう

　前出の半世紀以上にわたる老舗の光学ガラスメーカーのオハラは、光学ガラス事業への徹底した絞込みによって、今日の地位を獲得しました。その技術力や製品品質の高さは、アポロ11号やスペースシャトル・コロンビアなどに使用されていることから証明済みです。

　つまり、同社は、光学ガラス事業への徹底した絞込み、いわゆる特化戦略によって現代のポジションを確立したのです。

　ニッチ市場へ特化した事例もあります。

　高知県高知市にある宇治電化学工業は、洋食器や水洗金具などの研磨剤で長くトップシェアを維持してきた会社です。しかし、産業用製品などの汎用型の金属研磨剤は、昭和電工などの大手メーカーが強さを誇っていて、大手企業は高度経済成長期に需要が拡大してきた日用金属製品の研磨剤分野にも進出し、その過程で多くの中小研磨剤メーカーが淘汰されていきました。

　そのなかで、同社が一貫して最大のシェアを保ってきた理由は、二つあります。一つは高級な洋食器や特殊金属などに使われる高品質な人造研磨剤に資源を集中させたこと。もう一つは、高知県という大都市圏から遠いハンデを、顧客の要望を細大漏らさず聞き取るという営業姿勢でカバーしてきたことです。

　大手企業が手がけないニッチ市場の分野に進出した事例です。

　特化については、形質（形態と体質）を変えるところで取り上げましたが、きらりと光る事業・商品・サービスが存在価値を示すオンリー・ワンの価値づくりには、特化戦略が不可欠だといえます。

♠差別化戦略で他との違いを探求する

　特化してオンリー・ワンの価値をつくるには、他との差別化を徹底的に探求

していかなければだめです。これからの事業・商品・サービス経営では、コストとともに、差別化でリードするという二つの側面がなければ通用しません。特に、プライス（市場価格）を上げていくには、差別化戦略は不可欠です。

差別化戦略を策定するには、自社商品をどう差別化していくか、解決すべき課題を抽出し選択し設定して、これにチャレンジすることが必要なワークとなります。

そこで、次にこの課題をどのように抽出し選択し設定するかについて考えていきましょう。

オンリー・ワンの差別化の探求課題を対決課題と呼んでいますが、差別化の課題はプラス・ワンの決定課題の解決以上に時間も知恵も要するという厄介な課題です。しかし、この課題をクリヤーしなければ明日が拓けません。

何十年にわたって収益構造が変わらない・儲からない会社は、前にも指摘したように、商品そのものがコモディティ化（日用品化）してしまって魅力がなくなった（量的に普及すると、価格の下落を招いて、一所懸命にやっても儲からない）状況に陥っています。

ここにメスを入れるとなると、先にみた商いの三態の一つ、「高く売って安く売る」方向を狙っていく以外にないのです。工場出し価格や販売価格は高いが、買っていただいたお客様からいいものを買った・値打ちのある買い物をしたといっていただけることが、結果的に安く売ったことになるわけです。

オンリー・ワンの商品経営では、このオンリー・ワンの価値づくりが決め手なのです。

♠用途技術を掘り下げた価値開発が決め手

脱コモディティ化を図るには、個人的価値の追求という自分らしい生活を行うための選択肢の提供（ライフスタイル化）が必要です。

使い勝手の価値には、次の三つがあります。
(1) 　一般的価値
(2) 　利用価値
(3) 　個人的価値

一般的価値というのは、共通価値で、使い途の価値です。例えば、住宅に求められる一般的な価値といえば、快適、便利、安全、安心、健康、質、長持ち、エコロジー、コスト・パフォーマンス、価格の安さです。しかし、これはどこの会社も追求しますので、プラス・ワンの価値となっても、オンリー・ワンの価値には至りません。

次に、利用価値は、実用価値で、使い勝手の価値（ソフト・ノウハウ）です。例えば、この使い勝手の価値がもっとも問題になるのは、住宅では炊事場（台所）

です。炊事場を利用しない男性にはわかりません。建ててみて、後になって奥さんから文句が出てはじめて気がつくことが多いのです。これは、利用価値がイマイチだった証拠です。

したがって、利用価値を追求するには、本当に使う人の意見を聞いて、真に求めているモノ・コト・用途は一体なんなのかを十二分につかんでいかないと、使い勝手の価値の創造には結びつきません。

いまは、あらゆる商品について、この実用価値の提案がいろいろな形で出されていますが、オンリー・ワンの価値を創造するとなると、最後の個人的な価値、すなわち個人のライフスタイルに合った使い勝手の価値の提案でなければ、お客様は本当に満足しません。

以上の用途の開発がなければ、オンリー・ワンの商品とはいえません。

図表37（次頁）で、あなたの会社の商品について使い勝手の三つの価値の有無をチェックするとともに、この価値づくりを追求して行ってください。

♠得手・強みに帆をあげてオンリー・ワンの価値をつくろう

いまは、モノをつくる（Make）、モノをもつ（Have）時代を経て、モノ・コトを活用する（Use）時代です。

これに対して、供給側のあなたの会社は、次のどの段階にありますか。
(1) 作る……モノづくりおよびモノ売りの段階
(2) 造る……モノをつくる機械や売る店舗などの改造を重点指向している段階
(3) 創る……新商品（技術・サービスを含む）の開発や新たな事業の創出を重点指向している段階

需要側は、ライフスタイルにあった使い勝手のよい価値を求めているのに対して、供給側は(3)の創る段階を極めなければ、両者の間に質的なギャップが生じます。ですから、あなたの会社は、(1)の段階から(3)の段階へと閾値を越えなければ生き残れないということです。

閾値を越えるためには、SBPのターゲット（質的成長）をＦ３（ひと味違う性能・サービスで、あなた＝お客様の問題解決の提供）におき、グレード・アップを図る必要性があります。

「そりゃあ無茶ですよ」、「無理ですよ」といわれることを承知で提案しています。無理を承知で無茶をしないと明日がないからです。

とにかくお客様のソリューション領域（問題解決領域）にサービスエースを打ち込み、得点するのです。これが真のライバルであるお客様との知恵比べにかつということです。

[図表37]

オンリー・ワンの商品経営

事業商略・経営戦略（方策）検討表
―他との違いの探求 対決課題の抽出・選択・設定―

（実践シート6）

Must / フンチャレンジ 得意技を磨く	Hop ～ プラス・得手分野	Step ～ オンリー・特異性・一日の長 ワン	Jump ～ ベスト・優位性（得意先）ワン	Want
核 レスポンス 用途開発	・得手・強み開発 ・一般的価値（共通価値） ・独自性			◎商（品）経営の生き筋 ◎SBP ○→○ ◎克ちパターン ・基本戦略指針
つくる（ハード）[仮説] ・使い途の追求 （機能・精度）		・用途開発 ・利用的価値（実用価値） ・実用性	・ご愛顧開発 ・個人的価値	・必要条件
三（ソフト・ノウハウ） ・使い勝手の追求 （便益性）	[検証・修正]	うる（サービス）[認知] ・使い得の追求	・優位性	・十分条件
うる（市場を科学する） ・マーケット、業界特性 ・ターゲット分野・KFS ・ユーザーのコア・ニーズ ・競争相手・競争特性	[情報＝宿題]			

（ブラックボックス） Do

6 競争地位とKFSを見極めて対決課題を設定しよう

> **カンどころ** お客様とのつながり開発で大事なことは、この業種で成功するための秘訣（KFS）をつかみ、これを徹底的に掘り下げることです。

♠競争特性を見極めたうえで戦略を練る

　商品経営の開発段階で、自己満足に陥ってしまうところが多くみられます。そうした弊害を未然に防ぐためには、競争地位やKFS（業種で成功するための秘訣）という視点から、自己の点検が欠かせません。

　キーファクター（KFS）の参考例は、次頁の図表38を参照ください。

　競争地位は、次の四つがあります（次頁の図表39参照）。

(1) リーダー

　リーダーになれば、非価格競争になります。

(2) チャレンジャー

　チャレンジャーは、あくまでもリーダーとの差別化を徹底して追求しなければなりません。

(3) ニッチャー

　ニッチャーは、限定商品ライン、事業特化（専業）を考えていく必要があります。

(4) フォロワー

　フォロワーは、ライバルのやることなすことを模倣し、かつ低価格戦略で追いつき追い越しを狙う以外にありません。

　商品がリーダー的存在なのか、チャレンジャーなのかという競争地位を見極めたうえで戦略を練っていくことが大事です。

　自社の競争地位を客観的に把握することを心掛けてください。

♠KFS（Key Factor for Success）とはなにか

　お客様とのつながり開発で大事なことは、この業種で成功するための秘訣（KFS）をつかみ、これを徹底的に掘り下げることです。ゴルフのクラブにたとえると、"スイートスポット"がこれに当たります。

　例えば、旧国鉄は、人間と貨物を安全かつ確実に輸送するいわゆる鉄道業でした。それが民営化され、サービス業に生まれ変わりました。

　このサービス業のKFSはなにかというと、それは「お客様に不愉快な思いをさせないこと」です。

　JRは、このKFSを掘り下げ、実行しています。それは駅のトイレや乗務員、駅員の接客態度を旧国鉄時代と比較してみればわかります。

【図表38　キーファクター（KFS）参考例】

業　種	事業で成功するカギ
・建材	納期
・ノンバンク	審査のスピード
・医療機器	メンテナンス・サービス
・医薬品	ロングで売れる商品
・アパレル	ファッション・ニーズ変化への対応
・おもちゃ	企画開発力
・ソフトビジネス	ヒットの再現性につながるプロデューサー組織・一気に売る力
・カタログ販売	信頼イメージ・迅速配達・身近な苦情受付システム
・サービス業	お客様に不愉快な思いをさせない

（資料出所）『リエンジニアリング』小林裕著（中経出版）

【図表39　競争地位と政策定石】

	量／大	量／小
質／高	**リーダー** 市場目標　最大シェア・最大利潤・名声・イメージ 基本方針　全方位 ・オーソドックスな戦略 ・周辺需要拡大 ・非価格競争 ・同質化対応	**ニッチャー** 市場目標　利潤・名声・イメージ 基本方針　集中 ・優位性の活かせる特定ニッチ市場における擬似独占 ・周辺需要の拡大 ・非価格競争 ・同質化の対応
質／低	**チャレンジャー** 市場目標　市場シェア 基本方針　差別 ・リーダーにはできない革新的戦略 ・差別化 ・製品サービスの差別化、価格差別化、チャネルの差別化、販売・プロモーションの差別化	**フォロワー** 市場目標　生存利潤 基本方針　模倣 ・模倣 ・低価格市場への参入 ・ローカル市場への参入

（資料出所）THE21.2002.9号「量的質的経営資源のマトリックス」村山涼一著（PHP研究所）

♠KFSの見極めと経営資源の集中

　オンリー・ワンの価値づくりのため、他との違い（差別化）を探求する場合、KFSを見極め、経営資源を集中することを心掛けてください。

　KFSの見極めと経営資源の集中とは、商いもゴルフと同じく、このKFSを外していくら努力しても、お客様とのコミュニケーション・ギャップは埋まりません。埋まらなければ注文はいただけません。

　というのも、KFSを押さえているかどうかが新規事業を成功させる決め手だからです。

　なお、KFSは時代によって変化します。過去の成功体験にこだわっていると、市場やお客様とのつながりが切れてしまうことになりかねません。過去のこだわりを捨て、自社のKFSを見直し、これからのKFSを確認することが大事です。

♠KFSをどのようにしてみつけるか

　KFSをみつけるポイントは、次のとおりです。

(1)　事業の特性で重要なものはなにかを考える

事業の特性で重要なものを図表38のKFSの参考例に見習ってリストアップしてください。

高く売って安く売る商いを志向するお客様からみたオンリー・ワンの価値づくりとなると、通常品質・味が決め手になります。例えば、ワイン事業の場合、原料のぶどうの安定確保がKFSです。ぶどうが安定確保できなければ、ワインの品質は一定せず、お客様の信頼を得ることはできません。

(2) ビジネスフロー（職能部門）ごとに重要なものを考える

ビジネスフローごとのKFSは、例えば、①開発・設計－パテントによる技術防衛、②購買－原料の安定確保、③生産－生産コスト、④マーケティング－核となる商品、⑤販売－展開スピード（先手必勝）という具合に職能部門ごとに重要ファクター（要素）を選び出していくことです。

(3) ライフサイクルからみた定石を考える

開発期・成長期（成長前期・成長後期）・成熟期・衰退期とライフサイクルが進化するにつれ、KFSは商・製品の開発から生産やマーケティングのほうに移っていきます。自社のライフサイクル・ステージからみて、いまなにが重要なのかとKFSの中身をチェックします。

いいものを開発し生産しても、売れなければ商いになりませんから、成長期には流通ネットづくりが欠かせません。こうした定石を無視したり軽視する社長を多く見受けますが、それが弱さとなってきますので、注意したい点です。

(4) お客様の購買決定要因から見当をつける

お客様が真に求めているモノ・コト・用途を外してはならないのです。

以上四つの角度から、自社のKFSを抽出し選択して、最もインパクトのある要素を設定したうえで、そこに経営資源を集中するのです。

♠対決課題の抽出・選択・設定

オンリー・ワンへの差別化を探求する対決課題を全社で共有するため、KFS、競争地位の見極め、経営資源の集中といった解決すべき課題を抽出し選択して図表37（118頁）の該当欄に記入してください。

♠自社の競争地位を確認し分相応の手を打つ

自社の競争地位（今日的地位）を確認したら、次は分相応の手を打つことが肝要です。人真似や経営管理の手法を導入すればそれで足りるという安易な取組み方ではなく、自社の実態を客観的につかみ、打つ手を考えて実行することが勝ち組として生き残るための必須条件です。

中小企業は、ニッチ市場で棲息し、お客様の便利屋になることを考えてください。ニッチ市場は、規模がそれほど大きくありませんから、固定客を得るには一度お買い上げいただいたお客様を離さないことが鉄則です。

7 得手・強みに帆をあげ、受注を工策しよう

> **カンどころ** 積極的に話題づくりをして、お客様をはじめ周囲に発信していくことが非常に大事なことです。それにより新たなお客様との出会いや自社の活性化が可能になるのです。

♠受注活動より受注工策に知恵を絞る

いままでは自利の追求でお客様を説得をしながら受注活動をしてきましたが、このやり方で儲けることは難しい時代になりました。

そこで、提案したいのは、ご用聞き的な受注活動とか、セールス活動ではなく、受注工策（工夫して策を練る工策）を展開することです。それにはお客様からみた価値の提案が不可欠です。

♠意外性と新鮮な驚きをコンテンツに盛り込み、サービスエースをとる

お客様には、常に新鮮な驚きを与え続けなければなりません。新鮮な驚きもさることながら感動を与える、あるいはエンターテイメント（娯楽性）を与えるのです。これは、漫画・落語・漫才など、エンターテイメント業界を別の次元の業界だとは考えずに、お客様に娯楽を・感動を与えるという点で学ぶ必要があります。

競争と意外性、新鮮な驚き、この三つを提案するコンテンツ（情報の内容。例えば会社案内など）には必ず盛り込むことを実行してください。図表40は、B社（大型プレス部品の加工メーカー）の会社案内の1頁です。

これは、従来の10日～14日のリードタイムを、長くても1週間に短縮しますというお客様への提案です。お客様がみれば「メリットとそのコンテンツ」は一目瞭然です。

この視点が欠けると、お客様に振り回されるだけで終わります。お客様第一だからといって、いわれたとおりにやるだけではダメです。お客様のいわれることは、謙虚に受け取めますが、ポイント（得点）を稼ぐには、サービスエースをぶち込まなければならないのです。

♠ヒューマン・ネットワークづくり―オピニオンリーダーとの出会い

人も商いも、強い人との出会いが育ててくれるものです。強い人とは、情報をもっている人をいいます。この強い人との出会いがあるかないかが非常に重要です。

【図表40　B社の会社案内】

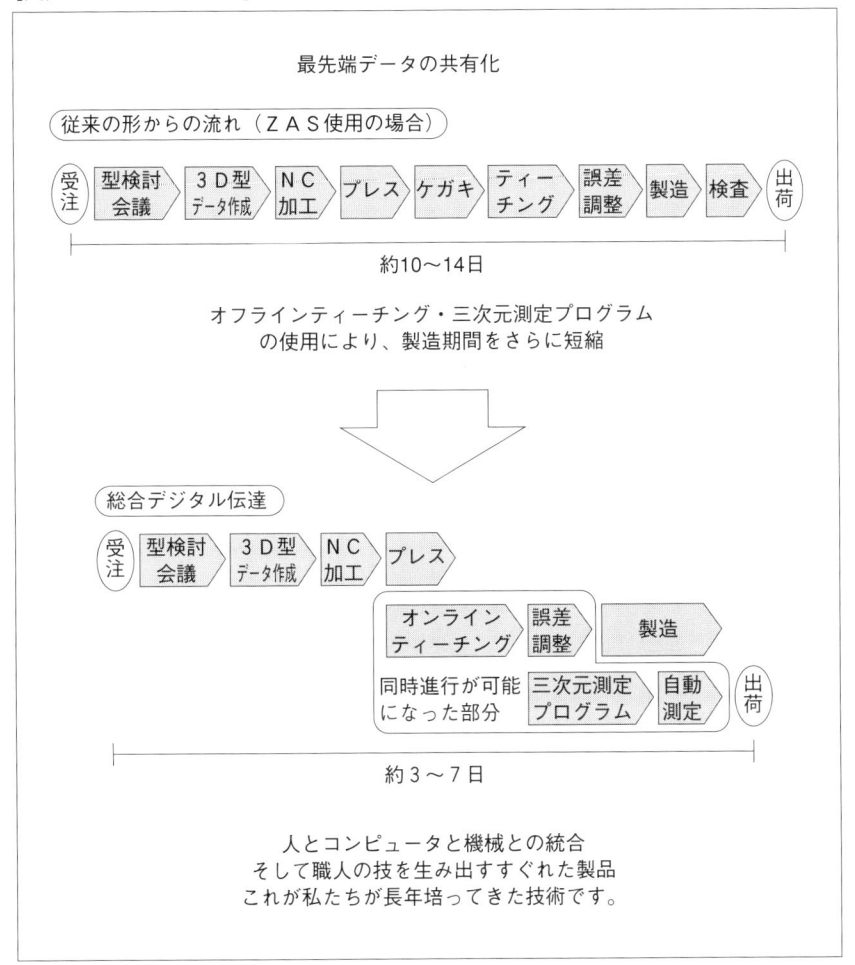

```
最先端データの共有化

（従来の形からの流れ（ＺＡＳ使用の場合））
受注 → 型検討会議 → 3Ｄ型データ作成 → ＮＣ加工 → プレス → ケガキ → ティーチング → 誤差調整 → 製造 → 検査 → 出荷
       約10～14日

オフラインティーチング・三次元測定プログラム
の使用により、製造期間をさらに短縮

↓

（総合デジタル伝達）
受注 → 型検討会議 → 3Ｄ型データ作成 → ＮＣ加工 → プレス
                                             → オンラインティーチング → 誤差調整 → 製造
       同時進行が可能になった部分 → 三次元測定プログラム → 自動測定 → 出荷
       約3～7日

人とコンピュータと機械との統合
そして職人の技を生み出すすぐれた製品
これが私たちが長年培ってきた技術です。
```

　図表41（127頁）をみてください。まずタテ軸にヒューマン・ネットワークづくりのポイントをもってきます。
(1)　「つくる」の、人間関係の構築にはなによりも信頼関係が大切だということを基本におきます。それには時間と約束は絶対に守るという言行一致の考動を貫く必要があります。
(2)　「つながる」の、良き市民関係の構築にはオピニオンリーダーの組織化、その前にオピニオンリーダーとの出会いがキーポイントになります。つまり、お客様の心の上に立つには、オピニオンリーダーとの出会の有無がキーポイントであり、この組織化とどう運営するかが、非常に大切になってきます。

(3) 「うる」の、顧客関係の構築では、"売ってよし買ってよし"という双方の納得が欠かせません。押し売りや説得されて仕方なく買ったというのでは、二度とお客様は買ってくれないことが多いものですから、いかに納得を得るかが重要です。

　新しいヒューマン・ネットワークづくりは、この「つくる、つながる、うる」の階段を着実に踏みしめながら上ることです。

　ヨコ軸はモード→ファッション→スタイルという商いの流れをもってきます。このヨコ軸とタテ軸（ヒューマン・ネットワーク）とで囲まれたマトリックスのブラックボックスをどう埋めていくかが知恵の出しどころです。

♠受注工策課題の抽出・選択・設定上のポイント

　次に、図表41（127頁）をもとに、受注工策（つながり開発）課題の抽出・選択・設定上のポイントについて述べます。

　受注工策で大切なことは、話題づくりです。小さな話題・評判をどうつくるかであり、つくった人の心をユーザーにどう伝えるかです。

　大袈裟に説得するのではなく、自分がお客様のためになると思ってつくった心をお客様にどう伝えるかです。しかし、それ以上に気をつけなければならないのが「あそこの喫茶店はまずいわよ」とか「あそこの工務店のアフターサービスは全然だめだよ」というようなマイナスの話題です。これが地域社会を駆けめぐると、まず次の注文に結びつかないからです。

　それからＰＲです。いいかえれば価値の提案ですが、どう売るかの販売促進策ではなく、どう買ってもらうかの購買促進策を考えていく必要があります。これは、お客様からみた価値の提供・提案をどう企画するかが課題になります。お客様の立場に立った考え方が底流になければならないということです。

　もう一つのポイントは、お客様の固定客化です。一度価値を認めてもらったお客様にどうファンになってもらうか・信者（固定客）になってもらうかが課題です。売るよりも得ることを考えるのです。すなわち「うる」ものには、①信用を得る、②お客様が求めているモノ・コト・用途の情報を得る、③お客様からの共鳴共感を得る、の三つです。

　共鳴共感は、心にピンとくるものが大事です。その心にピンとくることは、感動と新鮮な驚きです。これを繰り返し実践していくと、共鳴共感を得ることにつながります。この結果が、固定客を得ることになるのです。

　したがって、商いは継続的に繰り返しご注文をいただけるお客様をどれだけつかむかです。放っておくと、年間十数％のお客様が自社離れを起こしますの

で、常に自社のファン・信者はどれだけかをつかみ、固定客づくりに努めることが肝要です。

♠心のつながりを重視する

　現在は、ヒューマンネットワークといいますか、心の時代ですから、人の心のつながりというものを重視しなければなりません。信頼関係を活性化し、構築するにはなにが大切か、なにをどうするかです。いつも自問自答し、自社の考動をチェックしてください。

　時間や約束を守るとか、言行一致の考動を基本動作として身につけているか、自社の体質や社員に問題・不備な点はないかのチェックです。あれば、これをどう改善していくかが解決すべき課題です。

♠オピニオンリーダーを組織化する

　オピニオンリーダーの組織化とは、誰を中心にどうまとめ、どう進めていくかです。商いが上手なところは、お客様をオピニオンリーダーに仕立て・組織化して、そのオピニオンリーダーが中心になって物事を進めています。

　いま、システム販売が非常に脚光を浴びていますが、そのやり方は、オピニオンリーダーを選出して、そのオピニオンリーダーが自分の体験を語ることによって、集まった参加者を納得させます。説得ではなく、納得して買ってもらうのです。

　このような販売システム（販売というよりも購買といったほうがいい）から集客や納得させるノウハウなどを学ぶことも大事なことです。

♠図表41に受注工策課題を落とし込む

　図表41（127頁）に落とし込むとなると、「その方法を教えてくれ」「なにかマニュアルはないか」という方が非常に多いのですが、こういうビジネスへの取組みはもう通用しません。人がやることと同じことをやっていたのでは絶対だめです。わからなければお客様に聞くことです。聞いたことを地アタマを使って考えます。考えたことをまたお客様に提案します。それでもまだ不満足であれば何回でも考え直す、といったやり方が大事です。

　ここで図表33（106頁）の下段の「かつ方程式」をもう一度みてください。そして、つながり（≡）に注目してください。式の中で特に③注文をいただく、④注文をいただいたお客様のご満足とご愛顧を追求する、⑤このお客様に固定客となっていただくことの重要性をしっかりと頭の中に叩き込んでおいてください。

以上のお客様へのつながり開発のポイントを参考に、解決すべき課題を具体的に抽出し選択し設定します。この課題をキーワードの形にして、図表41の該当欄に落とし込んでください。

　成功している経営者やセールスマンをみると、ものすごく考えています。お客様からいわれた無理難題がなんであろうと、情報（宿題）を徹底的に考えます。それも24時間考える人が多いのです。

　そういう意味で、社長や経営幹部の方は考えて考え抜いて、自社や自分が解決すべき課題を徹底的にドリルしていただきたいのです。この考動なくして需要の創造やお客様の創造はまずできないからです。

♠お客様の心の上に立った事業商略を進めよう

　あなたの会社の商いは、次のどの段階にありますか。

(1) Hop……お客様を騙さない。約束は必ず守る（納期・仕様どおりモノを納める）
(2) Step……お客様の満足を追求している（クレームの迅速な処理・無理難題への応答）
(3) Jump……お客様の役に立つことを考えて提案し実行している（困っておられることは、これではないですかといったウオンツへの提案）

　この三段階のうち、(1)の段階は、当たり前のことです。しかし納期遅れや不良品処理対策が社長の仕事になっているようでは、前途は赤信号です。

　(2)の段階は、中の中で、いまや当たり前になっていますから、これからの受注は決して安心できません。というわけで、黄信号が点滅している状態です。

　では、上の上の受注工策はとなると、もちろん(3)の段階です。

　次に事例をみてみましょう。

　幼児育児機器大手のアップリカ葛西株式会社（本社大阪市）の葛西得男社長は、「みんな幸せにならないかん」「決してモノ売り屋になるな」という創業者（父親）の信条をベースに事業展開をされています。

　具体的には、「赤ちゃんに幸せを提供する」という事業コンセプトのもと、幼児育児機器の製造販売以上に、「アップリカ育児研究会」に時間と金とエネルギーを注いでおられるのです。その活動範囲は、アメリカ、ヨーロッパ、韓国、中国、台湾に及んでいます。

　同社の事例は、人べん産業、中でもりっしんべんの「心」に生き筋があることを実証しています。

　この事例を参考にして、マーケティング戦略論を越えた事業商略（お客様の心の上に立つ）の策定・展開を目指してください。

[4] こうしなければ儲からない！

【図表41】

事業商略・経営戦略（方策）検討表

オンリー・ワンの商品経営　〜お客様とのつながり開発＝受注工策課題の抽出・選択・設定〜

（実践シート7）

	ベース	Hop 〜	Step 〜	Jump 〜	Goal（成果を得る） ・売上高 ・市場における地位
ヒューマン ネットワーク	高いの流れ	モード	ファッション	スタイル	
つくる 人間関係		自負心 ＆自信／話題づくり 信頼関係の活性化			
== (つながる) 市民関係			マイ・ アソシエート／PR： 価値の提供 オピニオン リーダーの組織化		ブラックボックス ：情報の事業化 （加工・編集）
うる お客様関係				認知（定着）／お客様の固定 買って可／（固定客化） 売って可	

◎商人道
1. お客様に満足を提供する
2. お客様に役立つことをする
3. お客様をダマさない

8 つなぎのセンスと技術を磨こう

> **カンどころ** 事業も人も、強い人・会社との出会いが育ててくれるものです。自分や自社より少しレベルの高いと思われる人・会社とベクトルを合わせる努力が大切です。

♠お客様の無理難題に徹底的に応答する

まず事例でみてみましょう。

前出のB社が出した「2週間のリードタイムを長くて1週間に短縮する」という会社案内をみたお客様は、「そこまで本当にやれるの？」「2分の1なんてできるの？」「本当か、じゃあ試してやろうか」ということになりました。この結果、ここ2、3年受注の消化に追われ、「忙しくて忙しくて」といううれしい悲鳴を上げています。

現在の取引先や一般のお客様は本当に自分にとってのメリットを求めていますから、そこにテニスやバレーでいうサービスエースをどうぶち込むかです。それが解決すべき課題です。

もう一つ事例を紹介しましょう。

北九州市戸畑にあるケーエスエー・システムズという会社は、製造物の設計には不可欠なCAD、コンピュータによる設計の変換システム市場で90％以上のシェアをもつガリバー企業です。

同社の社長は、新日本製鉄を46歳のときにやめて独立をしました。当時CADデータの仕様が各社バラバラであったために、ユーザーが自社使用に変換する必要がありました。そこで、必要なCAD変換ソフトの需要拡大をいち早く見込み、市場を開拓していったのです。

すなわち、お客様が困っているところに目をつけました。しかし、需要の拡大とともに大手企業の参入が急増し危機感を覚えた同社は、「顧客のクレームすべてに対応する」という姿勢を打ち出して打開を図りました。

特に、ユーザーのCADシステムに内在するバグ（プログラムの誤り）をすばやく修正するという破格のサービスを実施したことが、顧客の支持を集めました。ソフトの技術では大差がつけられない以上、大手にできない手間隙のかかるサービスで、差別化する戦略が功を奏したのでした。

現在は、IDカードなどに使うデータの安全保護システムを新しい事業の柱に据えつつあります。

この事例でも、すべてのクレームに対応したことが、「そこまでやるのか」「やってくれるのか」というお客様の反応となり、逆に需要を創造することになったのです。
　そういう意味で、上記の事例のように、受注工策（お客様の求めているものを素早くキャッチして、提案していく）という考え方で、知恵を絞り出してサービスエースを打ちこまないと、なかなか受注には結びつかないといえます。

♠つなぎのセンスと技術がものをいうとき
　21世紀は、"つながりの時代"です。したがって、つくる、うるの間に"つながる"ということを3本の線であえて目立たせたのは、このつながりを重視した考動が大切だということを強調したいからです。
　東京大学名誉教授の木村尚三郎先生は、著書で「たとえ嫌な相手とでも、相互に利益があれば、結び合うクールなつなぎの心。コミュニケーションのセンスと技術こそ、現代に生きるための決め手である」と述べておられます（「21世紀とはなにか」木村尚三郎著・講談社）。
　つまり、好きだとか嫌いではなく、相互に利益があれば、結び合うクールなビジネスのコミュニケーションセンスと技術こそ、現代に生きるために絶対に必要だといえます。
　私たちは、このつなぎのセンスと技術というものがいかに受注工策において大切かということを認識しなければなりません。お客様とつながることは、顧客と密着することです。
　eビジネスができるのは、コモディティ商品のように、値段が一緒で、どこででも買えるような商品なら取引可能ですが、オンリー・ワンの商品経営では、お客様とのつながり・密着がなによりも大切なのです。

♠つながり重視の経営とは地域密着・顧客密着
　ところが、多くの会社は、営業マンしかお客様に密着していません。特に法人ユーザーが求めているのは、立場によって要求が違います。例えば、資材購買の担当者を相手に受注活動を担当する営業マンから聞こえてくるのは、あくまでも資材購買責任者レベルの要求に過ぎません。彼らが要求するのは、コストです。これももちろん重要ですが、経営トップや幹部とのつながりが希薄なために、本当にお客様の顔がみえない・全体の声が聞こえてこないと、お客様に振り回されます。
　トップである社長は、ユーザーの経営責任者とのつながりをもたなければだ

めです。経営幹部は、このユーザーの開発責任者とのつながりを強化していきます。こうした考動から得た情報が、明日の受注工策を可能にしますし、また営業マンに対する受注活動の指針となります。

とにかく一定の地域のお客様を対象とするローカル・ビジネスでは、地域密着によるサービスと信用がお客様満足の決め手です。また、全国規模でビジネスを展開するオールジャパン・ビジネスでは、ユーザーとの密着、それも使い手の感性との密着がソリューション・ビジネスの決め手となります。

この地域密着やお客様密着の目的は、あくまでもお客様から情報・ヒントを得ることであります。モノを売る前に情報を得ること、これが提案営業を成功させる不可欠な条件となるからです。

そういう意味で、つながりを重視する時代にはサービスエースが決め手だということを、上記の2事例が教えてくれているのです。

♠共創と意外性が勘どころ

ローカル・ビジネスで成功するカンどころとは、一体なにか、儲かるビジネスを展開しているところからなにを見習うべきかについて考えてみましょう。

カンどころの一つとしては、共創(ともにつくる)というキーワードを重要視することです。つくったものをお客様に強引に説得して売りつけるのではなく、お客様が真に求めるモノ・コト・用途をつかみます。これが明確でない場合には、仮説を立てて、お客様が望んでいるものはこれではないでしょうかと検証(修正)を繰り返します。つまり試行錯誤を繰り返していくことがお客様との共創の基本考動です。

もう一つは、すでに触れた意外性を考えることです。量的拡大の時代から質的成長を追求する時代になりましたが、質の時代で大切なのが意外性です。これは事例でもみてきたとおり、お客様が要求されている以外のことを考えることです。要求していること以外に、「そこまでやってくれるのか?」というモノ・コトを提案していきます。要求されているのは、コストであり納期ですが、"そこまで"という業界の常識はずれ・異端者的考動が意外性を生むのです。

お客様が「あんたのところで買ったところ、うちの商売が非常にうまくいった。助かったよ」「あなたのところこんなことまでやってくれるのか。そこまで気を使ってはくれたのか」という所期の要求以外の評価をいただければ、これはまさにサービスエースをぶち込んだことになるのです。

9 お客様とのつながりを重視し情報を提案しよう

> **カンどころ**　「誠意なきところに信頼関係はない」ことを昨今マスコミを賑わしている東電や日ハムの醜聞が教えています。間違っても、お客様（味方）を敵に回すことなかれです。

♠大切な自負心と自信

　ネットワーク時代のいま、人とのつながり（ヒューマン・ネットワーク）を重視しなければ儲かりませんし、勝ち組になれないことがわかってきました。ここで図表41（127頁）をみながら留意すべきポイントを整理しましょう。

　まず、大切なことの一つが自負心と自信をもつことです。この自負心というものがなければ新たな出会いができません。自分のやってることは、お客様のためになることをやっているのだという自負心と自信がないと、お客様への提案はなかなかできないものです。

　自社がつくった商品（ソフト・ノウハウ含めて）に対する自負心があるかどうかが重要なポイントです。社内でこれが共有できているかどうかを今一度確認してください。

　筆者は会社を訪問すると、現場の従業員に「この自社商品を○○の値段で買いますか、買っていますか」と尋ねることにしていますが、「不良品が多いこんな商品は買いません」という率直な答えに驚かされることがあります。

　社長や経営幹部は、激昂する前に、この声に謙虚に耳を傾けてほしいのです。会社をあげて自負心をもち、自信のもてる商品でなければ、お客様とのつながりはすぐ切れてしまうからです。

♠協力者との出会いと認知

　何事も1人でやるには限度があるので、誰かの協力が得られるかどうかが大切です。商いは、やはりマイ・アソシエート（協力者）との出会いを軽視したり無視するとうまくいきません。

　ヒューマン・ネットワークづくりはもちろん、M＆A（企業の合併・買取り）をやるにしても、協力者との出会いがなければ、まず実現は難しいと思います。

　それから、固定客づくりには、お客様からの認知、評価の定着が欠かせません。市場にはお客様から歓迎されて初めて市民権、永住権を得ることになるわけですから、市場・お客様への新耕・深耕（新しく耕す・深く耕す）策も、ホ

ップ (Hop)、ステップ (Step)、ジャンプ (Jump) の階段ごとに受注工策課題を抽出し選定し設定し、これをクリアーしながら市民権・永住権を獲得することが大事です。このワークを省略すると、階段から落ちる危険性があるからです。

　繰り返しますが、人も事業も、他人との出会いが育ててくれるものです。とくに第2創業で新商品を開発する場合は、社会での認知の前に、協力者との出会い・認知の有無が決め手になります。

　それだけに、常日頃から、自社の仕事や商品の価値を認めてくれる協力者の発掘から認知を得るまでのエネルギーと時間を惜しんではなりません。

♠スマートな情報提供力

　受注工策課題を設定する場合、得手・強みに帆をあげるため、商品を世に送り出す仕掛けをどうするかが大事なポイントとなります。儲かるビジネスの勘どころは、人との出会いの大切さに加えて、スマートな情報提供力が決め手となるからです。

　この情報提供力について考えてみましょう。

　スマートな情報の提供力とは、経営の品質とか企業倫理といったお客様からみたイメージという価値の提案をいいます。マスコミや口コミによる企業や商品イメージの向上には、「あの社長がいるからあそこの会社は、信用できる」「あの商品は信用できる」というように、このスマートな情報の提案（力）が非常に重要なのです。

　お客様に価値を提案し続けている企業に不景気はありません。これを裏返していえば、企業には、社会・環境を含めてお客様と共に成長する・共に生きるという共生の心が大切だということです。

　人べん時代、特に心の時代には、まず人の心を大切にすべきです。お客様・社会・環境と共に成長する、共に生きるという企業の心が必要不可欠です。

　仕入れた商品・つくった製品を売るだけ、販売促進策どおり売ってこいだけでは、これからのお客様は、自社離れを起こしかねません。商品・サービスについても、どのように役に立つのか、活用いただければどれだけのメリットがあるかをお客様に納得させるスマートな情報の提供（力）がなければ、お客様とつながらないしょう。ということは、得手・強みに帆があがらないのです。

　いずれにしても、商いには、転位深慮（お客様の立場に立って、深く思い考える）してお客様から傾聴したことは、必ず実践する姿勢・態度が大切です。これは商いの基本です。お客様の不安や不信を無視したり軽視しつづけていると、商いにならないということを再認識してください。

10 優位性を構築する経営革新のカンどころを押さえよう

カンどころ ①自分が変わる、②会社(事業そのもの・やり方)を変える、③そのうえで新たにつくることが求められています。変革と創造的発展への取組みを急ぎましょう。

♠ プラス・ワンのサービス経営で勝つ

これから取り上げるのは、勝つサービス経営です。

第2創業で勝ち組になるため、「かつ方程式」を解くことを強調しています。つまり得手・強みをつくり、お客様が真に求めているモノ・コト・用途と結びつけます。競合する相手と比較して、優位性がなければなりません。

ここでは、優位性の再構築の確立に焦点を絞って、勝つサービス経営のポイントを詳しくみていきましょう。

♠ 優位性の再構築はP、Q、C、D、S、Mに着眼する

優位性の再構築には、図表42のP、Q、C、D、S、Mに着眼することです。

これまでは、日常業務の遂行や業務を改善するために、カンどころとして、このP、Q、C、D、S、Mを取り上げてきました。しかし、ビジネス破壊が進展するいま、勝ち組になるためには、経営革新(イノベーション)への取組みが欠かせません。

となると、同じP、Q、C、D、S、Mであっても、考え方を大きく変える必要があります。そのポイントは、次のとおりです。

【図表42　P、Q、C、D、S、Mの比較】

執行管理&業務改善		経営革新
Productivity 　　労働生産性－1人・ 　　人時あたり限界利益	P	Productivity・Project 　　知的生産性、プロジェクト・マネジメント
Quality (モノ) 　　品質管理・不良撲滅策	Q	Quality 　　経営品質
Cost (カネ) 　　原価管理・コスト低減	C	Cost (時間、変動費@×量) 　　ローコスト・オペレーション構造の再構築
Derivery 　　納期管理・納期遅延策	D	Development 　　考動力開発、コア・コンピタンス開発…差別化
Safety 　　安全管理・事故防止策	S	Speed 　　スピード、機動力、起動力
Morale 　　志気高揚策	M	Morality 　　企業倫理、品性、品行

♠知的生産性の向上をマネジメントする

　Ｐは、労働生産性ではなく知的生産性の向上に目を向けます。どれだけ頭を使っていくかを重視します。組織や人がただ決められた時間身体を動かすだけでなく、これからは頭を使う脳力時代だからです。

　これまでのように職務分掌、ワークエリア内で与えられた仕事を処理するだけではなく、プロジェクト（解決すべき課題に目標を明示する）を中心にして、知的生産性の向上を図ろうという考え方がＰです。

♠経営の質を高める八つの基準

　Ｑというのは、単なるものの品質管理とか不良撲滅ではなく、経営の品質を今後どう向上させていくかが課題となります。経営の品質とは、聞きなれない言葉かもしれませんが、端的にいえば、経営の質をどう高めていくかということです。

　経営の質を高めていくためには、次の八つの基準に照らし合わせ、これを鏡として自社の組織を映し出し、強みと改善領域を明確にしたうえで、適切に対応策を実施していくことです。

　この質を高める八つの基準は、次のとおりです。（「経営の質を高める８つの基準」大久保寛治著/かんき出版）

(1)　リーダーシップと意思決定
(2)　経営における社会的責任
(3)　顧客、市場の理解と対応
(4)　戦略の策定と展開
(5)　個人と組織の能力向上
(6)　価値創造のプロセス
(7)　情報マネジメント
(8)　活動の成果

　この八つの基準をそれぞれの評点でチェックすれば、自己の経営の質が判定できます。社会経済生産性本部から、日本経営品質賞が優良企業に授与されていますが、この表彰をとるか否かにかかわらず、自らの経営のあり方をチェックすることが重要です。

　従来の品質管理ではなく、自社がお客様の心の上に立つためにも、経営の品質向上を重点的に考えてください。

　と同時に、社長は自分原因論の上に立って、自らの質を高めることにも努めてください。企業の質が問われることは、とりもなおさず社長の質が問われていることですから、肝に銘じておいてください。

♠ Cの考動の転換

　次のCは、時間コストの削減とか、材料費、外注加工費の圧縮だけではすでにコスト低減に限界がきています。これからは、単に目にみえる管理上のコストの低減だけではなく、会社全体のローコスト・オペレーション構造の再構築を考えなければ生き残れません。

　ローコスト経営といえば、すぐに社長と同じ意識を社員にもたせるにはどうしたらよいかという話になりがちです。しかし、社員のコスト意識を云々するよりも、社長自らの意識・精神構造の再構築をするほうが先決です。

　いま会社を悪循環軌道に乗せて破壊に向かわせている社長をみると、自身の意識・精神構造のゆがみに原因があります。例えば、物欲が強い社長は、固定資産過大の経営体質をつくり、高コスト構造経営の元凶となっています。物欲と見栄っ張りの金使いは、会社を危機的状況に陥れることに注意が必要です。

♠ Dの考動の転換

　Dは、単なる納期管理ではなく、開発を指向することです。なにを開発するかといえば、コア・コンピタンス（中核的自己能力・競争的優位性）です。"企業は人なり"です。これをつくり出すのは人の考動力です。組織も人も生き残るためには、考えながら動き・動きながら考える考動力（能力と脳力）を重視しなければなりません。

　儲かる会社づくりには、儲ける人材づくりが不可欠です。あなたの会社の経営幹部の考動力（能力・脳力・精神力）を自己診断してください。
(1)　基幹職（部課長）には、競合相手に先駆ける俊敏な実行力がありますか
(2)　役員クラスは、真のライバルであるお客様との知恵比べに克つ適応力がありますか
(3)　社長自身、環境変化を先取りする起業力（他人が見落としている機会をみつけ、これをものにする力）はありますか
　以上のチェックの結果に基づき、対象別・個人別の考動力開発を企画してください。

♠ S、Mの考動の転換

　Sは、スピード時代ですから、機動力・起動力という実行力が必要です。
　Mは、企業倫理です。企業倫理とは、企業の営利活動その他の経営活動で、経営者や社員が一個人一市民として遵守すべき道徳規範のことをいいます。昨今、牛肉や食品に関して企業倫理の問題がマスコミを賑わしていますが、社員のやる気以上に企業のモラリティをどう向上させるかが重要な課題であることはいうまでもありません。

11 内部の管理より勝つサビース経営を実践しよう

> **カンどころ** "企業は社長なり"です。社長自身が変われば、社員も会社も変わります。社長自らが自らを変えられなければ、交代あるのみです。

♠スピード重視の経営で大切なS、P、C、D

前述した六つのカンどころ（P＝Productivity・Project、Q＝Quality、C＝Cost、D＝Development、S＝Speed、M＝Morality）のなかで、特に優位性の構築（他との差別化を図る）には、PとCとDとSの四つの革新が欠かせません。

ビジネス破壊に対応する喫緊の経営課題は、すでにとりあげたお客様との知恵比べに克つオンリー・ワンの商品経営です。ここでは競争相手に先駆ける、勝つサービス経営について考えましょう。

サービス経営でいま、お客様が求めるのはスピードですから、まずなによりSが大切です。

次に知的生産性の向上。これからは頭脳（脳力）の競争時代になってきたので、知的生産性向上のPを無視するわけにはいきません。

そして調達革命・コスト破壊に対応するためには、ローコスト・オペレーション構造の再構築が避けられません。となると、Cへの取組みが死活の問題を左右します。

このSとPとCに、コア・コンピタンス（中核的自己能力）開発のDを無視するわけにはいきません。というわけで、S、P、C、Dの四つが勝つサービス経営のキーポイントであり、内部から儲けを捻出するための喫緊の経営課題です。

♠総務が強い会社はまず儲からない

筆者は、総務が強い会社は儲からないということを実感しています。総務が強いところは官庁ですが、官庁はそれでよいとしても、総務や管理、企画、人事という内務（本社といっても）班が営業・製造・技術開発の現場よりも強いようではどうしようもないからです。

なぜなら、総務などの管理が強い会社は、内部の命令や規則を優先し、お客様の声・お客様のクレームを後回しにしているため、業績があがらないからです。

4 こうしなければ儲からない！

　総務や管理屋さんは、みえる問題については、経営会議などでも「ああでもない、こうでもない」と盛んに指摘し批評をします。しかし、こと商品やサービス経営となると、「知らないよ。それは営業の問題だろう。製造部の問題と違うの」という具合に他人事のような言動をとることが少なくありません。
　そういう意味で、総務や管理屋のいうことを聞くだけではなく、まずお客様のほうに目を向けることが絶対必要です。

♠総務もお客様のほうを向いた会社にしよう

　そこで、総務をはじめ内務班の管理屋すべてがお客様の方を向いた会社にすべきだと強調しておきます。その理由は次のとおりです。
(1)　会社というところは、あくまでも得手に帆をあげて商品経営、サービス経営を実践するわけですから、内部からこれを支援するのが総務や管理屋の仕事＝役割です。
　　となると、ライバルに比べて優位性を決定づける課題、つまり自社の得手に帆をあげる支援課題を抽出し選択し設定することです。
　　私たちは、内務であるかどうかを問わず、あくまでも得手に帆をあげて、お客様から給料を頂戴するのだという考え方で仕事をすべきです。
(2)　無差別にマネジメント手法（手段）を導入して、管理が過剰になっているところが少なくありません。このため、各組織でなにが本当に大切なのかがわからなくなっています。「管理、管理」といろんな部署がいろんなことをいってくるために、現場が必要以上に混乱しています。この結果、コストアップを招いているのです。
　　たとえば、品質管理部門からは「品質上の報告書等を出せ」、生産管理部門からは「時間・コストはどうなっている。工程はどうなっているのか」、人事部門からはいろんな規則・規定で「こうしなさい、ああしなさい」というようにいろんな指示や通達が出てきます。このため、末端ではなにをどうしてよいのかわからなくなっています。
　　この際、もう一度お客様の視点に立ち、常にやらなりればならないことと決してやってはならないこと、それに組織間・個人間の責任の受渡しに焦点を絞って整理する必要があります。

♠プラス・ワンのサービス経営の実現と５Ｍ

　当面の競争相手に勝つには、最低半歩でも先駆けるプラス・ワンのサービス経営を実現することです。「うちはメーカーだからサービスとは関係ないよ」

【図表43　従来とこれからの５Ｍ】

５Ｍ	従来		これから
Man	労働力	→	経営幹部（経営トップを含む）
Material	材料	→	情報
Machine	生産設備	→	頭脳（知恵）
Method	やらせのハウツウ	→	やるノウハウ
Money	技術導入や設備投資	→	人財開発＝自分（器）開発への投資

という声をよく聞きます。しかし、メーカーであろうと小売であろうと、これまでとは大きく考動を転換してプラス・ワンのサービス経営に取り組まなければなりません。

その考動の転換のポイントは、図表43の５Ｍです。

これまでは、Manといえば労働力であり、いかに優秀な労働力を確保するかでした。Materialといえば原材料の確保でした。Machineといえば設備機械などが中心でした。Methodといえば人にやらせるハウツウ、経営管理の手法が重視されました。Moneyといえば技術導入や設備投資の資金が中心でした。

しかし、これからの５Ｍは、そのコンセプトを変えなければなりません。図表43の右側をみてください。Manは、単なる労働力ではなく、社長や、社長を支える経営幹部であり、部課長を中心とした基幹職です。

Materialは、情報が材料。Machineは、設備能力ではなくて、頭脳の能力（脳力）。Methodは、人にやらせるハウツウより、自らやるノウハウ。あるいは情報を元手にして、自ら知恵を搾り出し実践解（答え）をみつけ出していくノウハウ。

最後のMoneyは物や機械設備への投資以上に大切な人的投資。

このように、これまでは効率を追求する日常管理の５Ｍでしたが、"脱皮せぬ蛇は死ぬ"の譬えのとおり、ビジネス破壊に対応するには、お客様の視点に立って商いをやっていくための５Ｍへの転換が必要不可欠です。

顧客第一主義を基本方針に掲げいるＴ社の基幹職研修会で、受講者に「この基本方針をどのように具現していますか」と聞いたところ、誰もなにも答えてくれませんでした。これは、なにもＴ社だけのことではありません。

ここに周知徹底の必要性を感じます。人財開発では、図表26（87頁）の「商人の考動基準」中、(4)顧客第一義（心）の趣旨「お客様から給料をもらっている。だから○○が大切だ」を繰り返し叩き込むべきです。

12 お客様志向の適応力でかつ経営をしよう

> **カンどころ**　かつ（贏つ・克つ・勝つ）の中で、克つことが最も難しいことです。しかし、真のライバルであるお客様との知恵比べに克たなければ儲かりません。

♠明日の現実経営に取り組み事業寿命の延命（商品開発）をしたK社

　図表44（次頁）は、組織を人間の体にたとえて、あなたの会社の両手は動いているかを問うているのです。両手を動かすとは、明日の経営が本当になされているかということです。

　かつてお手伝いをしたK社の商品開発事例を紹介しましょう。

　K社は、規模も小さく受注形態で和紙を抄造する会社ですが、業績と財務内容はともに抜群でした。その秘密は、明日の経営、現実経営を担当する取締役工場長と取締役営業部長の働きにあるのです。

　その役割をみると、工場長は社長の実弟（当時50歳）で、創業以来社長の右腕として、製造技術面を担当してきました。営業部長は、社長に20年間鍛えられた子飼いの役員（当時40歳）です。2人とも同業の同職位の人たちに比べると、仕事の内容がまったく違います。今日の執行管理業務は、基幹職の課長以下に完全に任せ、もっぱら明日の現実経営に取り組み、事業の延命を図る商品開発と経営を担当していました。つまり図表44（次頁）の人体の両手の働きをしていたのです。

　世間一般の会社では、工場長も営業部長も両手を動かさないで、足だけを動かせています。つまり、経営幹部が今日の仕事のみに一所懸命になっているということです。このように、誰も明日の仕事をやっていないと、昨今のような変化に遭遇すると、リカバリーできない、身動きできないのです。

　しかしK社は、以前から明日の仕事（現実経営）中心に役員が動いていたのです。

♠これが転位深慮、傾聴実践考動の商いだ

　もう少し説明すると、いわゆる転位深慮（お客様の立場に立って深く考える）、傾聴実践（お客様に聞いたことに応答）考動を展開していたのです。営業部長は、お客様に会って、求め・期待しているモノ・コト・用途に耳を傾け、情報（宿題）をもらってきます。受注活動に行くのではなく、自社に対する情報

【図表44　あなたの会社の両手は動いていますか】

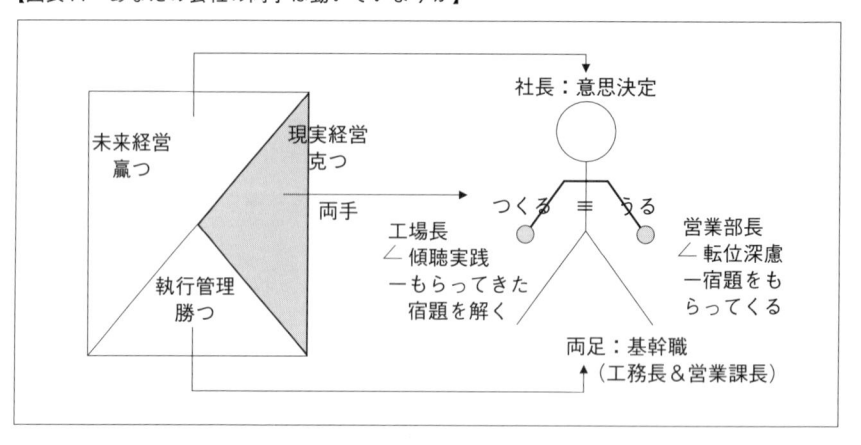

(宿題) をもらいにいくのです。工場長は、その情報 (宿題) を寝食を忘れて解きます。つまりお客様からみた価値の開発が主な仕事になっています。

図表44の両手の働きとは、素直に両者揃ってお客様が真に求めているモノ・コト・用途を転位深慮して、この要望に応答 (傾聴実践) することをいいます。

事例のK社は、この両手が完全に機能していたわけです。

現実経営が空洞化し、打つ手がない・いやわからないために手が打てずに、人件費削減といった消極的なリストラに走るだけでは儲かるわけがありません。現在、多くの会社にみられる現象ですが、いまからでも遅くはありません。

社長や経営幹部は、早速今日の執行管理、いわゆる両足の仕事は基幹職以下に任せて、明日の現実経営と取り組んでいただきたいのです。

儲かる経営をやるためには、儲かるシステムをつくり儲かる考動をしなければならないのです。

♠小回りを大切にして、個別の注文に対応することだ

K社の場合は、売上高を追うのではなく、絞り込んだ得意分野の和紙の抄造で、競合他社が追随できないまでに個別受注に対応し、そのノウハウに磨きをかけてきました。また小回りを大切にして、対応しているために固定客をがっちりとつかんできました。

ですから、不景気になってもそう簡単に売上は落ちません。また価格競争の渦中に巻き込まれることも少ないのです。それは、いきなり売上確保に走るよりも受注に力を注いだからですが、そのやり方も受注活動に入る前に受注工策を実践してきた結果です。

そういう意味で、K社の「かつ秘訣」は非常に参考になると思います。「かつ（克つ＆勝つ）」ためにどうするかですが、やはり小回りで、アジル経営（今日のような急激に変化する経営環境下で、組織全体を従来の枠組みにとらわれることなく、俊敏で機動性のあるダイナミックな体制で動かす経営方式）で「かつ」ことです。そのためには、社長をはじめ経営幹部の考動力（能力と脳力）なかでも適応力の開発が肝心です。

　競合相手に先駆ける俊敏な実行力や、お客様の無理難題に応答する適応力があなたの会社にあるかどうかです。

♠競合相手に先駆ける俊敏な実行力開発の手本

　京都にある日本電産という会社の永守社長は、「人間の能力差というのは大体5倍くらいだよ。ところが意識の差というのは100倍あるから、意識改革というものが絶対に必要なんだ。会社を変えることは社員の意識を変えることになるんだ。どう変えるか。それは、三大精神というものを注入するんだよ」といわれます。

　「三大精神というのは、一つは情熱と熱意と執念だよ。これさえもってれば、なんでもできる。この精神がまず大切だ。二番目はやはり知的なハードワーキングをやらなきゃだめだよ」という永守社長は、自ら24時間勤務を率先垂範されています。日曜も平日も同じ、しかも1日24時間勤務だそうです。

　こうすれば、社員はそれをみて動くというわけです。考えずにただ動くだけではだめで、頭を使うハードワーキングを強調されているのです。

　また、「"すぐやる、必ずやる、できるまでやる"これを徹底することだ」といわれます。

　こうした尺度で他の会社をみると、すぐにやらない、そのうえできない理由が先に出てきます。「じゃあ来週やるか」といっておきながら一向にやろうとしません。そのうちいつの間にか忘れてしまう会社や人を実に多く見受けます。

　これは"すぐやる、必ずやる、できるまでやる"ということが徹底されないというよりも、むしろやらなくてもいい組織風土になっているからでしょう。これでは絶対にメシは食えません。

　そういう意味で、日本電産の"すぐやる、必ずやる、できるまでやる"を本気で真似ることです。これが競合相手に先駆ける俊敏な実行力開発の手本だと思うからです。

13 小手先の順応より根本的に変える対応をしよう

> **カンどころ**　「物わかりがよい」「人がよい」だけでは、ビジネス破壊に勝てません。織田信長のような「狂おしいほど現状に満足できないなにか」が不可欠なのです。

♠小手先の順応程度では生き残れない

　プラス・ワンのサービス経営のポイントは、お客様の視点に立った適応力と俊敏な実行力でかつことにあります。これまでは適応よりも効率を重視して追求してきましたが、これからはK社のように個客の視点に立った適応力の強さでお客様の無理難題に応答することが対応策の中心課題になります。

　アジル経営（今日のような急激に変化する経営環境下で、組織全体を従来の枠組みにとらわれることなく、俊敏で機動性のあるダイナミックな体制で動かそうとする経営方式）で、かつ（克つ＆勝つ）ことが時代の要請であり、お客様への応答の決め手となってきました。

　ここで注意しておかなければならないのが、適応と順応とはまったく違うということです。外部環境の変化やお客様の無理難題に対して、頭の回転の速さや持ち前の小器用さを駆使するという臨機応変の対応が順応です。しかし、この順応程度ではビジネス破壊には到底対応できません。臨機応変の対応程度では生き残れないのです。

　ではどうするかです。個人や組織全体の形態・体質を変えるといった根本的な変革が必要です。これこそが望ましい適応です。

♠頭が固い古参幹部・役員それに一般従業員の壁をどう破るか

　社内にある守旧派（アンシャンレジウム派）、頭の固い古参幹部や役員が、「組織は本来ピラミッド型なんだ」「タテ割りが1番いい」と既成の概念にとらわれている会社が少なくありません。

　とかくピラミッド型のタテ割り組織では、情報は共有されませんし、情報がうまく伝達されませんから、情報がうまく活用されません。例えば、会議をやっても、どこまでが営業の責任（成果）で、技術に成果をどう渡すかがはっきりしない、技術の責任（成果）はなにで、製造に成果をどう渡すかもはっきりしていません。

　このように詰めが甘いから、営業はお客様は神様なりとお客様の言い分をそ

のまま技術に流す。また技術の責任（成果）がチェックされずに製造に流れると、やった結果はお客様のニーズ（仕様）と全然違った方向のものができあがるのです。これが不具合品・不良品が絶えない工場の実情です。

みえる結果だけをみて、「これができていない。やっていない」「営業が受注取ってこないのが悪い」「技術の図面が悪かったから不良が出た」などというようなことばかり議論しています。そんなことをいくら議論しあっても、部門間の壁は打破できません。

いうまでもなく、それぞれの部門の責任（成果）を明確にしなければなりません。たとえば、営業はお客様からなにを聞き出してくればよいのかをはっきりさせ、本当のコアとなるお客様のニーズを組織のなかで受け渡していくことを明示する必要があります。これこそが情報の共有・伝達・活用の基本です。

そうした現状の壁を破るためには、仕事のやり方を変えることです。例えば、プロジェクト・マネジメントを導入する（166頁、169頁参照）など、経営革新の実行を思い切って推し進めることをお勧めします。

♠「人生とか仕事の結果は考え方×熱意×能力なんだよ」

お客様に対するサービスや応答、真のライバルであるお客様との知恵比べにかつ（克つ）ための適応力について、京セラの稲盛名誉会長の考え方を紹介しましょう。

京セラの稲盛名誉会長は、「人生とか仕事の結果というものは、考え方×熱意×能力だよ。すなわち、この三つの要素の掛け算で決まるんだ。そのなかでこの熱意と能力というものは、それぞれ0点から100点まである。だから、常に熱意というものをグレードアップしていかなきゃいかん。熱意と能力については、いま50点ならば60点、60点ならば70点という形にグレードアップしていかなきゃだめだ。問題は考え方だよ」といわれます。

その考え方というのは、「マイナス100点からプラス100点まである。マイナスがある。だから、考え方次第で人生や仕事の結果は180度変わってくる。つまり三つの掛け算だから、考え方がマイナスだと、結果はマイナスになる。考え方がプラスになれば、結果はプラスになるということで、この考え方次第で人生や仕事の結果は180度違ってくる」というわけです。

♠"すぐやる、必ずやる、できるまでやる"を徹底する

まさにそうです。熱意とか能力を高めても、考え方がマイナスであれば絶対にだめになります。この考え方のマイナスとは、後ろ向き、否定的、非協調的、

暗い、意地悪ということです。プラスの考え方というのは、前向きであり肯定的であり建設的であり強調的です。稲盛名誉会長は、この考え方というものを非常に重視されているのです。

適応力も、この考え方を重視する必要があります。「そんなこといったってできないよ」「過去やってないんだもん、できるわけないだろう」というような否定的・後ろ向き、つまりマイナスの考え方だと、絶対に真のライバルであるお客様との知恵比べにはかてません。

そういう意味で、適応力の開発には、京セラの稲盛名誉会長のおっしゃる「人生とか仕事の結果は考え方×熱意×能力なんだよ」という言葉、また俊敏な実行力の開発には日本電産の永守社長がおっしゃる「"すぐやる、必ずやる、できるまでやる"これを徹底する」という言葉を噛みしめて即実行してください。

♠組織と人づくり三つのポイント

人は、環境と自覚によってつくり・つくられるものですから、まさに組織風土の刷新こそ、根本治療です。なかでも、組織・人の適応力・実行力の開発については、次の点に留意して行ってください。

(1) 居心地の悪い組織をつくること

全員が次々と新たな解決すべき課題に挑戦しければならないような組織は、いい意味で、居心地の悪い組織といえます。

また、適応力や俊敏な実行力の開発という組織の活性化には、常に新陳代謝が伴います。それによって、組織の若さを保つことになります。そのためには、仲良しクラブにしない・派閥がない・大企業病でないの"3ない"の組織づくりが大事なポイントです。

(2) 競争原理を導入すること

人間は2人寄ると、競争する動物だといわれますが、この競争心を上手に活用することです。その方法として、組織を小さな単位に分けて、相互に競わせるような仕組みにするのです。この仕組みのポイントは、仕事を任せる（権限を委譲する）ことです。人を活かして育てることができるマネジメントです。

(3) 三つの精神の活性化を図ること

適応力や俊敏な実行力を開発する組織風土づくりにおいては、日本の経済発展を支えた「勤勉の精神」「精神的団結」「サービス精神」という三つの精神をもう一度反芻する必要があります。かつて先代や先輩が経済的地位を築いた根本的な理由も、この三つの精神にあります。社長はじめ経営幹部は、率先垂範して、この三つの精神を組織の末端まで浸透させるべきときだと思います。

14 意識・精神の活性化と俊敏な実行力で勝とう

> **カンどころ** 他に先駆ける決め手は、競合相手との差異を明らかに区分できるなにかをもつことです。それには"ひと味ひねる"ことがポイントです。

♠Y社のお客様応答の新しいシステム

　俊敏な実行力とは、クイック・レスポンス、クイック・アクションのシステムをいいますが、事例でみてみましょう。

　図表45（次頁）は、Y社のお客様応答の新しいシステムです。

　Y社は、長い間タテ割り中心の分業体制をとっていました。つまり営業と製造と技術の3部門制（仕事）のシステムにしていたのですが、社長が会議を招集して、時間とエネルギーを傾注し、いくら部門間の調整をやっても、部門目標（営業目標、技術目標、製造目標）を重視したために、お客様へのクイック・レスポンス（すばやい応答）が疎かになっていたのです。

　そこで、効率を犠牲にして、図表45のようにお客様ごとに小回りが効く組織に改めました。製・技・販一体のいわゆるクイック・レスポンス、クイック・アクション体制をしいたのです。司令塔（コア・マン）が軸となって、お客様の無理難題に素早く応答するシステム（特注品・標準品のグループ別に）です。

　いまどこでも、Y社のように、お客様のほうを向きお客様の視点に立つことが絶対に必要です。同時に、惰性や慣行を破るためには、昔からいわれている形から入ることも一つのやり方です。

　仕事が重複するからコストアップになるといった効率優先の理屈よりも、従来の惰性や慣行を破りお客様に対応し応答するにはいったん形を変えてみることが必要です。

　つまり、常識ではおかしい・無理だと思っていることも変えなければ、なかなか惰性や慣行を破ることができないからです。

♠無理を承知で無理をする理由とポイント

　"仏つくって魂入れず"の譬えのとおり、新システムを導入しても、実効をあげる精神力をどう注入するかが課題です。負け組の会社にみられる一般的な体質・風土をあげると、次の三つの"ない"が見受けられます。
(1)　お客様の立場に立った問題意識・課題意識をもっていない

【図表45　お客様応答の新システム】

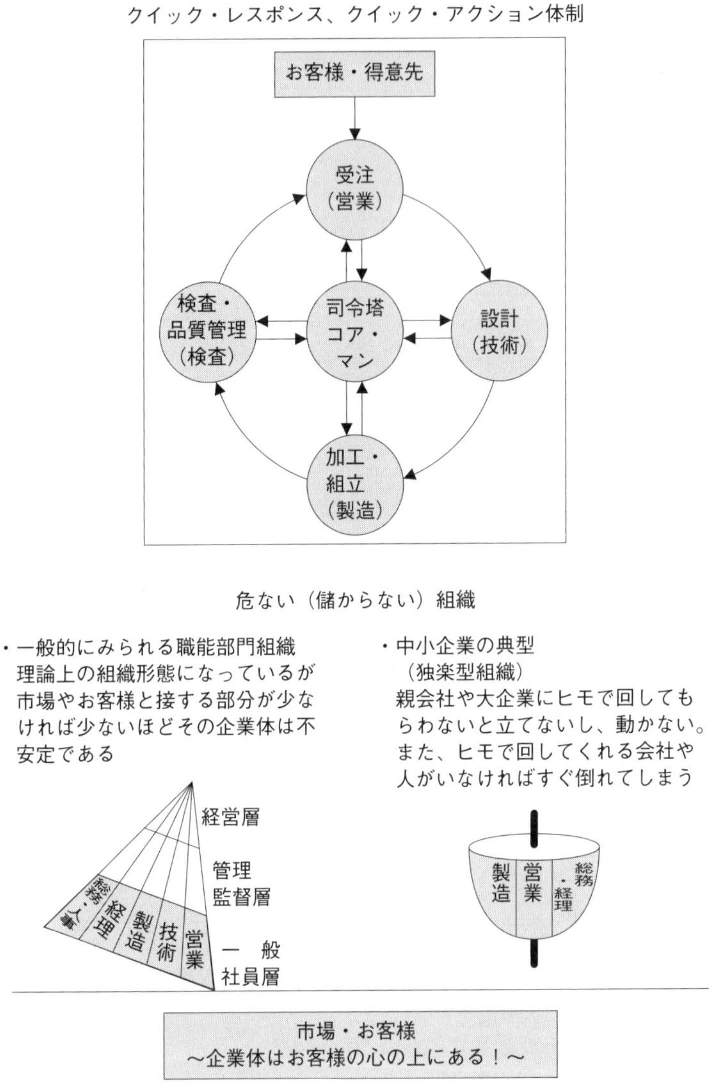

クイック・レスポンス、クイック・アクション体制

```
       お客様・得意先
            │
            ▼
          受注
         (営業)
       ／   │   ＼
   検査・   司令塔   設計
   品質管理 コア・ ─ (技術)
   (検査)   マン
       ＼   │   ／
          加工・
          組立
         (製造)
```

危ない（儲からない）組織

・一般的にみられる職能部門組織
　理論上の組織形態になっているが市場やお客様と接する部分が少なければ少ないほどその企業体は不安定である

・中小企業の典型
　（独楽型組織）
　親会社や大企業にヒモで回してもらわないと立てないし、動かない。また、ヒモで回してくれる会社や人がいなければすぐ倒れてしまう

（ピラミッド型組織図：経営層／管理監督層／一般社員層、営業・技術・製造・経理・総務）

（独楽型組織図：製造・営業・総務・経理）

市場・お客様
〜企業体はお客様の心の上にある！〜

(2)　問題・課題の解決に向かうチャレンジ精神がない

「難しいからできない」とか、「従来やらなくてもなんとかなった。今更やらなくてもいいんじゃないか」となりがちですが、これは「よしやってやろう」というチャレンジ精神が失われている証拠です。

(3) 誠意とサービス精神に欠ける

　いま、誠意がなさ過ぎる会社やサービス精神のない会社を実に多く見受けます。自分満足優先で顧客満足を疎かにした会社は、いつまでも業績低迷に苦しまざるを得ません。もちろん、顧客満足や顧客第一主義という看板を掲げていても、中身が伴っていない場合は、ビジネス破壊のなかでは絶対に生き残れないでしょう。

　そこで、プラス・ワンのサービス経営に徹するには、意識・精神の変革、活性化の断行以外には処方箋はありません。

　もちろん、生き残るためには、残業や不眠不休の勤務と奉仕の精神が必要です。内部組織の合理化も大切ですが、お客様が求めているモノ・コトを把握し、その応答に全力を注ぐ心の合理化がより重要だからです。

♠ "すぐやる、必ずやる、できるまでやる" を徹底する

　"すぐやる、必ずやる、できるまでやる" クセをつけるためにどうするか、永守社長は「社員の意識を高める具体的な方法として、まず会社のなかをきれいにすること。休まずに会社に出ること」を強調されています。

　この「会社の中をきれいにする」と「休まずに来る」の二つが基本であって、これができなければ、なにをやってもだめだというわけです。

　「職場が汚いということと、会社を休むこと、これが社員の志気なんです。この二つが変わったら、後は全部変わる」

　「6S（整理・整頓・清掃・掃除・作法・躾）ができていない会社は90％が志気の問題なんだ。一方、社員100人の会社で10％の人が来なければが社員90人の会社と一緒なんだ。100人が100人きてくれれば、能率があがるに決まってるんだ」。そして「この職場が汚いということと会社を休むということは、意識の低下なのだ。この辺を改めれば勝てる会社になる」というのが日本電産の永守社長の考え方であり哲学です。

　この経営哲学をぜひ見習ってください。朝礼のたびに難しいことを話している会社が多い昨今ですが、難しいことをいうよりも、基本を徹底することが必要です。「本当に社長が真剣になっているな」「だから、会社のなかをきれいにしなきゃだめだ」「本当に休まずに来なけりゃだめなんだな」とわかってくれなければ、またわからせるようにしなければビジネス破壊に立ち向かうことができません。

　経営革新には思い切って形を変える、そのなかで基本動作を徹底することが "仏つくって魂を入れる" ことになるのです。

15 これでお客様は満足かを常に追求しよう

> **カンどころ** 競争上のスキマ（ニッチ）戦略はお勧めです。しかし、部門間や時間のスキマといった社内のスキマは、絶対厳禁です。突つかれる前に埋めておくことです。

♠それぞれの部門はなにをやるか？

　お客様の満足とご愛顧の追求は、全社をあげて取り組まなければなりません。そのやり方が図表46（150頁）で、執行管理部位における製・技（開）・販同盟でプラス・ワンのサービス経営を考えるためのものです。

　部門の壁を破るために、課長以下のクラスを対象にした研修で使っていますが、これで顧客は満足か、どこの誰のどのような無理難題にどう応答するかを検討する実践シートです。

　この実践シートの狙いと作成法は、次のとおり三つのポイントがあります。
(1)　職能部門間の意識の壁を越えて、ベクトルの統一を図りながらチームでお客様の満足とご愛顧を追求します。これで共通の目的を自覚します。
(2)　相互に意見、いわゆる情報を交換し、「つくる、つながる、うる」立場（部門）ごとに課題を抽出し選択し、設定します。これで情報の共有を図ります。
(3)　抽出し選定した課題を持ち寄って、ベクトルの統一を図りながら、各部門ごとの決定課題を設定します。これを図表46に明記し、相互に確認し合い、納得のうえ実行します。

　図表46では、あくまでも商いの原点に着眼して、それぞれの部門がなにをやるかを考えます。

　まず「うる」営業部門は、注文をいただいたお客様は誰なのかによって、このお客様のコア・ニーズや特性はなにかを確認し、いわゆるお客様からの情報を設計部門に伝えます。ついで「≡つながる」設計部門は、お客様からの情報（宿題）を中心に、これに応答する設計上の課題を抽出し選定します。そして「つくる」製造部門は、お客様の無理難題に応答するモノづくりの課題を抽出し選択します。もう一方の「≡（つながる）」検査・品質保証部門は、これまでの検査データやクレーム情報から、解決すべき課題を抽出し選択します。

　このようにして、各部門で抽出し選択した課題を持ち寄り、生産性の向上、迅速性（クイックレスポンス・クイックアクション）の追求、確実性（注文どおり）を確認する課題に分類します。これを図表46の下欄に落とし込んでいけ

ば、製・技（開）・販同盟で解決すべき課題が明確になるでしょう。

♠部門意識を捨て挑戦課題を共有する

　図表46を使ったやり方は、お客様の満足を追求する課題、つまり解決すべき課題を共有できます。これがチーム（生・技開・販同盟）で勝つサービス経営のやり方の事例です。図表46は、このとおりやればよいという絶対的なものではありませんが、一つのやり方として参考になると思います。

　あくまでもチームで、部門意識を捨てて、ベクトルを統一し解決すべき課題への挑戦が前途を拓くのです。このようにして抽出し選択し設定した課題（なにを）に、目標（誰、いつまでに、どのくらい、どれだけ）を明示したものをプロジェクトといいます。

　タテ割りの職能部門に数値目標を与えるより前に、部門間で解決すべき課題を共有し、プロジェクトを解決することの重要性を再確認してください。

♠回転本意に徹する－頭・身体・情報・お金・モノ

　それからプラス・ワンのサービス経営において俊敏な実行力で勝つことは、前述のクイック・レスポンス、クイック・アクション体制で、スピード（タイム・ベース）競争に勝つことです。タイム・ベース競争というのは、文字どおり時間を機軸にした競争、つまり時間競争ですから、スピードで勝たなければ生き残りは無理です。

　先に述べた商人の考動基準（87頁）のなかで、回転本位ということを思い出してください。モノはもちろんカネも回転本位です。ヒトも情報も回転が大切です。この回転本位の商いを徹底することが、タイム・ベース競争とスピード競争に勝つことにつながるのです。

　仕事の基本は、いうまでもなく、"早く・正しく・完全に"です。これまでの競争には①コスト競争力、②品質競争力、③多品種・多様性の競争という三つを軸に行ってきましたした。しかし、これからは時間の速さを軸とする競争が中心となります。正しく・完全にやったから遅くなったのでは意味がありません。"正しく・完全に、そして早く"やる必要があります。特に競合する相手に先駆けてやることがいま１番大事な課題なのです。

　お客様の無理難題に"早く・正しく・完全に"応答できる会社のみが生き残るでしょう。そういう意味で、商人の考動基準のなかで、回転本位の大切さをもう一度確認し、これを活性化する方策を打ち出していくときです。

　その方策と打つ手を考え、行動するための提案が図表46なのです。

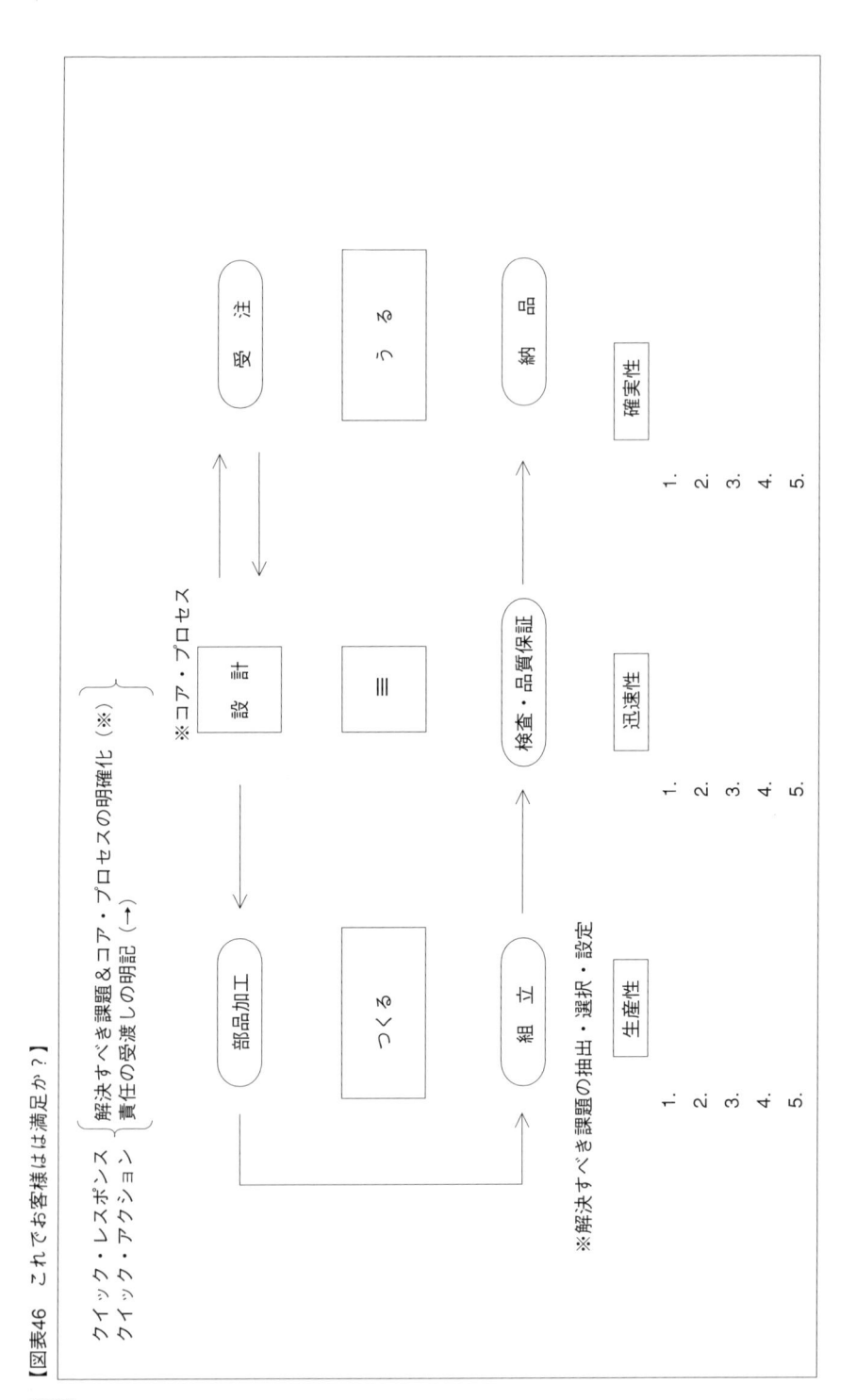

【図表46 これでお客様は満足か？】

```
                          受 注
                           ↑↓
                          設 計 ※コア・プロセス
          部品加工  →    組 立   →   検査・品質保証  →  納 品
           つくる        うる
```

クイック・レスポンス ｛解決すべき課題＆コア・プロセスの明確化（※）
クイック・アクション ｛責任の受渡しの明記（→）

※解決すべき課題の抽出・選択・設定

生産性	迅速性	確実性
1.	1.	1.
2.	2.	2.
3.	3.	3.
4.	4.	4.
5.	5.	5.

5 実行推進しなければ儲からない！
－三方よしの経営を主眼においた実行推進法

　商いで儲ける決め手は、①理屈ではなく実践である、やるかやらないか・できるかできないかが成果を左右する、②部下にやらせる目標管理ではなく、自らやる課題を経営する、③先に求めた実践解をいかに実行推進するか、にあります。

　そこで、三方よし（つくってよし・売ってよし・買ってよし）の経営を主眼においた実行推進法とそのポイントをまとめます。

1 内部の組織・構造・仕組みを変えよう

カンどころ 適応性を追求していくには、組織の構造や仕事の仕組みを変えなければなりません。聖域の役員会・役員人事にもメスを入れるべきです。

♠適応性を追求できる組織・構造に変える

　これまではどちらかというと、仕事の効率性を追求してきましたが、これからは適応性を追求していく必要があります。となると、いままでの組織の構造や仕事の仕組みを変えなければならない点が多々あります。
　変えなければならないポイントは、大きく分けて次の三つです。
(1)　ビジネスモデルを変えるならば、中身を変えなければならない
　その一つが役員の人事であり、役員会のあり方の見直しという課題です。"企業は人なり"ですが、その人とはまさに社長だからです。
(2)　クイック・レスポンス（迅速な反応）、クイック・アクション（素早い考動）体制にしなければならない
　これが二つ目の課題です。タテ割り組織を打破し、常にスピードで勝負しなければ勝ち組になれないからです。
(3)　共存共栄から強存強栄体制に切り替えなければならない
　これが三つ目の課題です。自前主義よりアウトソーシング（業務の外部委託）・Ｍ＆Ａ（事業の合併・買取り）・ネットワークを考慮に入れた強存強栄体制の確立を図らなければ勝ち組になれません。

♠役員会・役員人事という聖域にメスを入れる

　筆者はコンサルタントとして、いろんな会社の役員会や経営幹部会議に出席する機会が多くあります。そこで役員（経営幹部）の方々に接してみて感じるのは、果たしてこの人たちが新しいビジネスモデルを再構築したり、第２創業や経営革新ができるのかという疑問です。
　というのは、経営革新についての提案に対し、「そんなことをいっても無理ですよ」という発言が実に多く、決まって「先生は業界のことを知らないからそんなことがいえるんだ」ともいわれるからです。過去の成功体験だけからいえば一理あるかもしれませんが、こうした態度ではとてもいまの大変化に対応も適応もできないと断言します。

また、リストラにしても、下部組織の人員削減だけをやって、役員はそのままというやり方が少なくありません。いわば戦犯が依然として、雁首を並べて、「やれリストラだ。やれ経営革新だ」といっていますが、一般社員は非常に冷めきってやる気が失われているのが実情です。
　こうした体質の会社は、大変化を乗り切るのは無理です。思い切って役員人事にメスを入れ、やる気に満ちた体制づくりを図らなければなりません。そのために新陳代謝を思い切ってやる必要があります。
　それから役員会が、どうしても日常業務の話題中心になってしまいがちです。不良品の発生、納期の遅れなどの対処策は、もちろん大事ですが、日常的な仕事の問題解決ばかりに終始していたのでは、役員の仕事は事後処理屋に成り下がってしまいます。といって、部課長以下がやってる仕事を評論していても始まりません。
　ビジネス破壊が進む昨今、役員の仕事は、自社事業の延命を図ること、お客様との知恵比べに克つ戦略を練ることです。これが給料に値する仕事だと認識し自覚してほしいのです。
　とにかく、形（器）を変えれば、これに合わせて中身を変える必要があります。社長は、「他に適当な人がいない」の一言で片づけないでほしいのです。

♠クイック・レスポンス、クイック・アクション体制に変える

　世はスピード時代ですから、組織も人もクイック・レスポンス（迅速な反応）、クイック・アクション（素早い考動）の体質に切り替えなければなりません。
　この点については、早急な体制づくりが肝要です。経営トップの思い切った決断と実行力が望まれます。

♠強存強栄の体制にする

　これまでは"和をもって尊しとなす"共存共栄が強調されてきましたが、これからは"強いものが存在し強いものが栄える"強存強栄体制への切替えが急がれます。
　そのためには、いままで自前でなにもかもやってきたコトやモノを、アウトソーシング（外部委託）するとか、Ｍ＆Ａ（事業の合併・買い取り）するとか、あるいはネットワークを考慮するなど、組合わせのビジネスモデルの再構築を考えていく必要があります。
　いずれにしても、図表45（146頁）の下段にみる危ない（儲からない）組織、仕組みの刷新が急がれます。

2　変化対応・お客様応答のビジネスモデルを再構築しよう

> **カンどころ**　ビジネスモデルの再構築法については、細部を掘り下げる前に大局をにらんだ仕組みを考える必要があります。

♠ビジネスモデルの類型をもとに練る

　強存強栄体制をどう構築するかという観点から、自社のビジネス・モデルを練るうえでのヒント・きっかけとするために、代表的なビジネスモデルとして六つのタイプを示すと、図表47のとおりです。

♠ＩＴをこのビジネスモデルのうえに付加する

　この六つのビジネスモデルと、いま盛んに話題になっているｅビジネスのビジネスモデルとは次元が違います。しかし、ＩＴをこのビジネスモデルのうえに付加することによって、まったく次元の違うビジネスモデルができます。このことを念頭において、自社を強存強栄の体制に切り替えるビジネスモデルをつくってください。

　ビジネスモデルの再構築法については、細部を掘り下げる前に大局をにらんだ仕組みを考える必要があります。その一助として、図表48（156頁）上にいろいろな情報をもとに、自社を変える処方箋の素案を落とし込み、自社のビジネスモデル再構築の全貌をつかんでください。

♠新しいビジネスモデルの仕組みをつくる

　図表48で示すように、仕組みのなかで大切なのが骨組みですが、これは例によってタテ軸はビジネス破壊に「かつ」を三つ並べます。ヨコ軸には商いの原点、つまり「つくる、つながる、うる」をもってきて、マトリックスをつくります。
　次に考える項目は、三つの「かつ」の中身です。
(1)　変化先取りのかつ（贏つ）は、商流（商いの流れ）よりも情報の流れに注目すること。
　「従来の商いはメーカーでつくったものが真ん中の問屋に流れて、小売にくる」というモノの流れを重視しましたが、いまはモノの流れよりも情報が大事です。つくったものをうる方向へ流すだけではなく、社会やお客様から歓迎され、共鳴共感を得る情報に基づいてモノを流していくことを考えていかなければなりません。

【図表47　代表的なビジネスモデル・タイプ】

タイプ	説　明
(1) アウトソーシング型	これは、アウトソーシング（外部委託）をいかに活用するかというタイプです。先ほど指摘した自前主義を捨てて、アウトソーシングを利用します。"餅は餅屋"（専門家）に任すという考え方です。
(2) 垂直統合型	これは、商品の開発型企業と生産専門型企業、または製造業と流通業が企業間提携を行うタイプです。
(3) 水平統合型	これは、企業間で共同研究をやったり、共同購買をやったり、共同受注システムを構築するタイプです。
(4) コーディネイト型（まとめや型）	後述の東成エレクトロビーム社のコーディネイト型と同じような、いわゆる仲介型です。企業間のシステムのなかに割って入って、新しいビジネスモデルを構築する、いわゆるまとめ屋でいこうというタイプです。
(5) 顧客サービス型	これは、マーケット・アウト、プロダクト・インの考え方で、ビジネスモデルを構築するタイプです。
(6) ダイレクト型	いわゆる問屋の中抜きがこのタイプに入りますが、消費者に直接販売などを行うタイプもあります。

（資料出所）「ビジネスモデルづくり入門」山崎康夫著・中経出版

(2) お客様にかつ（克つ）とは、真のライバルであるお客様との知恵比べにかつこと。

　これは、価値の移動に対応するために、脱コモデティ化を実現する領域で、お客様からみた価値づくりをどう具体化していくかを考えなければなりません。

(3) ライバルにかつ（勝つ）とは、競合する相手に先駆けること。

　これは、経営機能のどこのなにを強化していくか、工場の中の生産のプロセスのなにを強化していくかが課題です。

♠従来のモノの流れの逆張りで事業を展開する

　ここで事例を紹介しよう。リーテムという会社は、創業明治42年以来、鉄骨スクラップの売買を業としてきましたが、創業90年余り続いた老舗を大きく生まれ変えました。それを産業廃棄物のリサイクルに取り組んだのです。

　同社は、いままで"埋める、燃やす、捨てる"というのが一般的だったのを、"埋めない、燃やさない、捨てない"という、産業廃棄物を100％リサイクルし、いわゆる資源の節約を図るための仕組みをつくって、循環型社会をこしらえようとして取り組んだのです。

　いままでは、見向きもされなかった"埋めて、燃やして、捨て"てたモノを再利用するというモノの流れを変えるという商いのやり方です。燃やせばダイオキシンが出るし、埋め立てをすれば酸性雨で汚水が流出して地下水の汚染につながります。なんとかしなければという強いニーズに基づく事業の展開です。

　従来のモノの流れの逆張り、いわば人が行く裏道に事業機会・生き筋があるという事例です。

[図表48]

Ⅲ 自社を変える！―ビジネスモデル再構築

事業商略・経営戦略（方策）検討表

実践シート3

ビジネス破壊への対応	商いの原点	つくる（なにで儲けるか）	― （どう儲けるか）	うる（どこで儲けるか）	
贏つ：商流		強いものをもつ	強いものになる	強いものにつく	
克つ：価値の移動に対応		なにをどうつくり	どう買っていただくか	どこの、誰に	変化対応―モデル・クリエート型
勝つ：機能強化		どのような無理難題になにで	どう応答するかどう先駆けるか	どこの、誰のどこの、誰に	お客様応答―モデル・チェンジ型
・組織構造の再編：これで顧客・個客は満足か。これで競合相手に先駆ける！					
○形・器に合わせて中身を変える！					企業人事―経営幹部（含トップ）、基幹職
○クイック・レスポンス、クイック・アクション体制					
○強存強栄体制					経営組織＆組織体質
		（なにで）	（どう先駆けるか）	（どこの、誰に）	

3 ローコスト・オペレーション構造を再構築しよう

> カンどころ　ローコスト・オペレーション構造の再構築には、"毒をもって毒を制す"というものの考え方が必要です。

♠損益分岐点売上高を極限まで引き下げる努力をする

　いかなる外部環境の変化に遭遇しても、もはや自力本願姿勢で対応する以外にありません。そこで、内部から儲けを捻出するために、コスト競争力でかつ収益構造の再構築について考えてみましょう。

　収益構造の再構築というのは、売上があがらないなかでも利益が出せる体質づくりで、いわば価格競争力にかてる体質づくりです。コストの低減目標は、50％ぐらいの意気込みで望まなければどうしようもありません。

　売上が半減しても生き残るには、変動費（材料費、外注加工費）を切り下げるだけではなく、損益分岐点売上高を極限まで引き下げる仕組みと仕掛けづくりが必要です。ともかくありとあらゆる側面から身を切る決意でコスト・カットを断行しなければなりません。

　このコスト・カットとなると、それまでの消極的なリストラの中心テーマであった固定費の中枢である人件費について、賃下げや退職金制度の見直しなどにもう一度メスを入れざるを得なくなります。

♠もはや人件費の削減を狙った消極的リストラだけでは対応できない

　ビジネス破壊の渦中にあるいま、問題になってきているのが、"人減らしよりも賃金をカットする"というワークシェアリングです。リストラなどによる大失業時代を目前にし、緊急的な非難措置としてワークシェアリング（頭数は減らさないで、１人あたりの賃金をカットする）方式を取り入れざるを得ないという状況下にあります。しかし、人減らしや賃下げで固定費を削減しても、問題が解決するわけではありません。

　固定費の中枢を占める人件費をどう考えるかが大事です。人がいなければ確かに人件費はゼロになりますが、これで果たして商いができるかです。逆に人件費は付加価値を生む源泉だと考えると、人を削減したり、賃金をカットすれば済むという問題ではないはずです。

　そこで、筆者は自らの給料に値する仕事を創造するプロを本気で育てること

を提案します。これが最も望ましい対応であるにもかかわらず、なおざりにされてきたと思います。とにかくプロを育てる環境やシステムを早急に整備すると同時に、プロを育てることが肝要です。

♠"毒をもって毒を制す"というものの考え方が大切

さて、ローコスト・オペレーション構造の再構築には、"毒をもって毒を制す"というものの考え方が大切です。毒というのは社会的な毒の意味で、悪の一般をさすのですが、この悪を退治するためには悪を使って、社会の悪を取り除くということです。

ビジネス破壊を悪とするならば、常識では対応できませんので、私たちも常識外の悪をもって、これに対応しなければなりません。対応するのに適した人材は、常識外のものの考え方ができる人、奇想天外のことが考えられる人、"禍を転じて福となす"ことが考えられる人です。

そういう意味で、単にいままで常識であったコスト・ダウン、あるいはコスト・カットの手法いじりや他社の模倣ではなく、"毒をもって毒を制する"やり方を考えて生き抜くことが必要不可欠です。

そのために、社長が全社員を集めて訓示をたれ発破をかけても、できないものはできないという結果になります。不可能と思われることを可能にするにはただ一つ社長の断行力だけです。

♠大黒柱を背負って儲かるところへ出かける

「ここがうちの創業の地だから」「うちの事業は○○業だから」「うちの取扱商品はこうだから」とこだわって固執していると、いつの間にかゆで蛙になってしまいます。悶々としたあとで気がついたときには、もうどうしようもない息切れ状態ということになりかねません。

結論は、大黒柱を背負って儲かるところ（勝ち組産業や事業価値の在処）へ出ていくことです。いいかえれば、世の中の価値の移動に着眼して、世の中の人が求める価値の創造に全力を注ぐこと以外にありません。

自分のことは自分で考えなければ、誰も助けてくれません。

生き残るためには、現在の棲分けの範囲内だけで物事を考えるのではなく、別の切り口から自分の棲息場所、棲息の方法、形態、形質を考え直すことの必要性を強調するゆえんです。

ローコスト・オペレーション構造の再構築法として、場合によっては儲かるところに移動する時機はいまをおいてないことを感得してください。

4 元気印の会社づくりの方向を確認しよう

> **カンどころ** 元気印の会社づくりの方向は、大きく①特化、②縮小して再編する方向、③需要の創造の三つに分けられます。元気印の会社づくりには根気が肝心です。

♠元気印の会社づくりに学ぶ元気になる方向

　元気印の会社づくりのためになにが必要かと考えるとき、"いま座して待つよりも打って出る"以外にないとすでに述べましたが、どう打って出るかです。

　元気印の会社づくりの方向は、大きく次の三つに分けられます。
(1)　特化
　特化戦略という形でこれを強力に推し進めている会社
(2)　縮小して再編する方向
　縮小・再編の方向で、自社を再構築している会社
(3)　需要の創造
　業種の転換や第2創業に挑戦してる会社
　以下、この三つの方向を検討しましょう。

♠オンリー・ワンの技術に特化する方向とコーディネート機能を特化する方向

　まず特化は、いままでのやり方の軌道修正を意味します。庭先の木と一緒で、枝の剪定をして無駄な枝を切り落とします。この剪定と同じように調達革命といわれるコスト破壊への対応には、特化が有効です。つまり、経営資源を集中させるモノ・コトを選択して絞り込むのです。

　では、なにを特化するかといえば、一つはオンリー・ワンの技術に特化する方向です。もう一つはオンリー・ワンの情報に特化したエージェント、つまり情報の代理店の方向か、コーディネート機能（まとめ役）を特化する方向です。例えば、一つの技術を中心に、関連する専門分野をもった人たちを集めることによって、コーディネート機能の特化を考えます。

　この特化を考える場合、商いの原点「つくる、つながる、うる」に着眼します。「うる」は、オンリー・ワンのサービスに特化します。「つくる」は、オンリー・ワンの技術特化です。「つながる」は、オンリー・ワンの情報のエージェントやコーディネート機能の特化という具合に、商いの原点から特化の方向を考えるのです。

♠開発や試作技術を特化した事例

　例えば、オンリー・ワンの技術を磨くことで、開発とか試作技術を特化する方向があります。

　ファブレスという形でモノをつくらない会社が注目されてきています。ファブレスとは、工場をもたない企業のことで、生産を社外に委託するから、設備投資や資金にとらわれず、市場の変化に身軽に対応できるのが特徴です。これにより、研究開発・技術開発製品の企画・設計に専念できる会社づくりができます。

　ファブレスは、オンリー・ワンの技術に特化した代表です。こういう方向の生き残り方も考えられます。

　また、コーディネート機能を重視し生き残りを賭ける事例は、東成エレクトロビームという会社です。電子ビーム溶接の専業メーカーとして1971年に創業の同社（上野保社長）は、「メッキであれプレスであれ、独自の技術があるというだけではもう通用しない」というわけで、受注先の受け皿として、電子ビーム溶接やレーザー加工がキー・テクノロジーとなる製品のコーディネート（まとめ屋）役を果たしています。現在、製品開発型の協力企業40社を組織しています。

　この事例のように、まとめ役を中心とした強存強栄体制こそ中小企業の生き残るシステムだと思います。

　オンリー・ワンのサービスに徹し脚光を浴びているところは、例えば「100円ショップ」「10分1,000円理美容店」です。商いの形態からいえば、安く売って安く売る商いです。

♠縮小・再編の問題は、樹木の根の腐ってる部分をとって根を分割するに相当

　縮小・再編の問題は、樹木に例えれば、根の腐ってる部分をとって新しい根が出るように、根の分割に相当します。前述の特化は地上の枝葉の剪定ですが、縮小・再編は根の部分をどうするかという根本治療です。

　需要と供給とのバランスが崩れ、供給が過剰となれば根腐れ企業はもう必要がなくなります。

　ビジネス破壊環境のなかで生き残るには、供給部分だけでなく、需要を念頭においた縮小か再編を考えざるを得ません。

♠共存共栄から強存強栄体制への切り替えを急ごう

　すでに述べたように、従来どおり同業者が"共に存在し共に栄える"共存共栄の体制は、いまや崩れかけています。

　この制度（システム）破壊の克服となると、共存共栄の体制から、"強いものが存在し強いものが栄える"強存強栄の体制への切り替えを急がなければなり

ません。この方向が再編です。

再編の方法としては、①Ｍ＆Ａ（事業の合併・買取り）、②アウトソーシング（業務の外部委託）などがあります。

自社の根の部分と根を取り巻く土壌の再点検をして、根腐れ・部分除去・入替え・植替えが必要です。

♠市場やお客様から生かされる方向と方法を考え直す

Ｍ＆Ａとは、企業や事業を売ったり買ったり、組み合わせて新しい事業や企業をつくることによって立て直すというやり方です。また、営業の一部または全部を分離して新設会社や既存会社に承継するというような会社分割もあります。それからＭＢＯ（マネジメント・バイ・アウト）といって、事業の継続を前提として会社から現経営陣が担当している事業・部門を買い取ると同時に、経営権を取得するという方法もあります。

そのほか、アウト・ソーシング（業務の外部委託）も脚光を浴びています。これは経営資源を社内だけに求めるのではなく、効率性・有効性を重視して広く社外にも求めるもので、自前主義から専門の会社に任せるという方法です。いわば自社の強いところを残し、強いもので勝負するといった生き残りの方策です。

いずれにしても、市場やお客様から活かされる方向と方策を考え直すときです。勝ち組になるためのビジネスモデルを設計し再構築を急いでください。

♠究極の解決策は需要の創造

勝ち組になる究極の解決策は、いうまでもなく、需要の創造です。お客様からみた新たな価値の開発のため、変革（業種業態の転換）や創発（第２創業）へチャレンジしなければならないことを強調してきました。ここで再度、需要構造の変化に対応するために、前述の脱コモディティ化を実現するための領域を思い出して、価値が創造できる領域で棲息することを考えてください。

特に中国からのコスト破壊を考えたとき、単なるコスト・ダウンやコスト・カットだけでは対応しきれません。コスト競争に勝つためのコスト・ダウンとかコスト・カットは、いまやこれも限界に近づいてきています。

ビジネス破壊を克服し勝ち組になる究極の方策は、需要を創造することに尽きます。なぜなら、事業経営成功の秘訣は、コストの低減ではなく、価値の創造にあるからです。

中国へ行ける会社はともかく、中国の商品を扱って商いをする会社や日本で商いをする以外にない会社は、新しい価値の創造に挑戦をしていかなければ生き残れないことを肝に銘じておくことです。

5 課題経営はプロジェクト考動で突破しよう

> **カンどころ** 過去の延長線上に未来はありません。第2創業・経営革新で勝ち組になるというターゲット（ウオンツ）のもとに、全社的な取組みが肝心です。

♠なにをするか・どうやるか・こうするで課題を経営する

　ビジネス破壊にかつ（贏つ・克つ・勝つ）には、明日どうなるかを心配するより明日のためになにをするかを考えながら動き、動きながら考え、こうするという実践解を求めます。そして求めた実践解を実行推進することです。

　これには、第2創業・経営革新で勝ち組になるというターゲット（ウオンツ）のもとに、全社的な取組みが肝心です。これを図示したのが図表49です。この図表49をもとに課題経営の概要を説明します。

(1)　ターゲット（ウオンツWant）は、いうまでもなく、第2創業・経営革新で勝ち組になるという自社の何年後の姿（夢・イメージ・生き筋）です。
(2)　マストMustは、この自社の何年後の姿を次のように三つに刻みます。
　①　ホップ・なにをするか（What）
　　会社を絶対に潰してはならないという経営理念のもとに、ビジネス破壊にかつ方向性、すなわち、ⓐどこでどう棲息するか、ⓑどんな種をまき、どう育てるか、ⓒ自社のなにをどう変えるか、を探索します。つまり仮説構想することです。
　②　ステップ・どうやるか（How to）
　　経営トップが仮説構想した自社の活かされる方向の検証・修正考動です。いいかえれば、活かされる事業・生き抜く経営の可能性の探求です。これは、かつ役割ごとに解決すべき課題を抽出し選定し設定するワークをいいます。この役割分担は、図表49のノートのとおりです。
　　ここで重視すべきことは、Step（ノート欄）のオンリー・ワンの商品経営であることはいうまでもありません。
　③　ジャンプ・こうする（Want）
　　上記の②ステップの段階で設定した課題に目標をつけます。これは、戦略プロジェクトに挑戦し、クリアーするという実行推進の核心段階です。
(3)　ドゥDoはマスト段階で試行錯誤を繰り返してみつけた実践解を、それぞれの図表50（実践シート9）（165頁）に落とし込みます。
　以上が課題経営の概要です。

5 実行推進しなければ儲からない！

【図表49　What・Howto・Wantで課題経営】

```
情報盤（安全マーク）                    Want     ┌第2創業┐
  ┌─┐                                          │&経営革新│
  ├─┼─┐                         Jump  こうやる │で勝ち組│
  │つくる≡うる│                   挑戦戦略プロジェクトの│になる！│
  └─┼─┘                              クリアー    └───┘
    └─┘           Must                  勝つ 図表㊿ 51 53
                                Step  どうやるか
                                かつ課題の明確化
                                （贏つ・克つ・勝つ）
                   Hop  なにをやるか  図表 36 37 41
                   社長の思い・願望
                   贏つ
           Do   図表 23 30 48
```

	◎Want　よし ◎Must　これで		
外部	Hop	Step	Jump
	勝つ	克つ	贏つ
つくる ≡ うる			
内部			

	◎Do　いくぞ！！		
自ら	Hop	Step	Jump

ノート
Doいま打つ手の役割分担

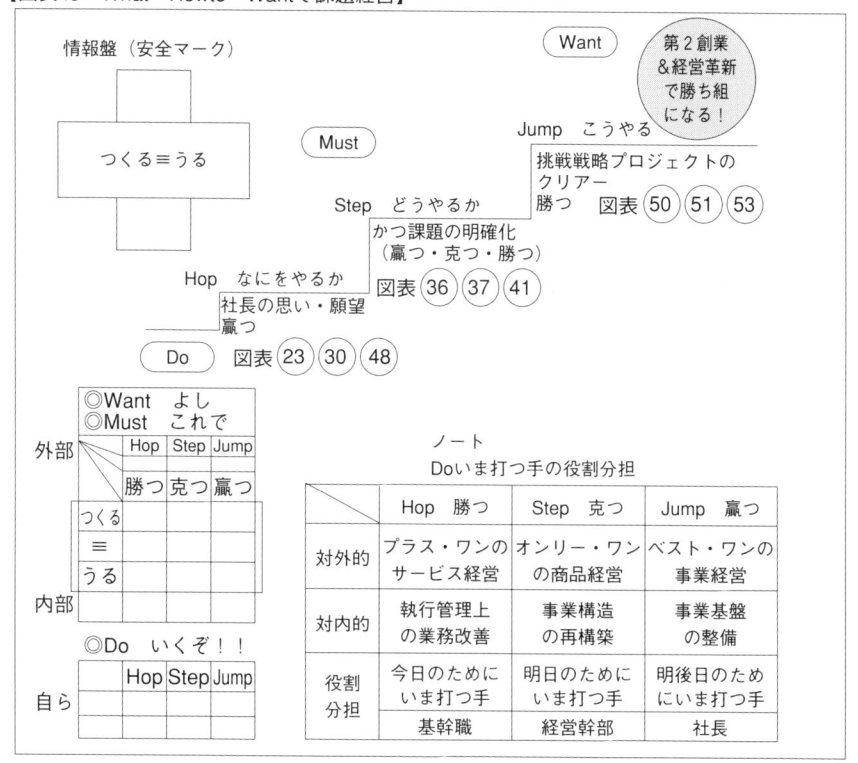

	Hop　勝つ	Step　克つ	Jump　贏つ
対外的	プラス・ワンの サービス経営	オンリー・ワン の商品経営	ベスト・ワンの 事業経営
対内的	執行管理上 の業務改善	事業構造 の再構築	事業基盤 の整備
役割 分担	今日のために いま打つ手	明日のために いま打つ手	明後日のため にいま打つ手
	基幹職	経営幹部	社長

　図表23・30・36・37・41・48の解決すべき課題の抽出・選択・設定と、図表50の戦略プロジェクト考動の明示までをプロジェクト・マネジメントと呼び、また、図表50から53を"よし・これで・いくぞ"マネジメントと呼んでいます。

　なお図表50が双方のマネジメントの接点であり、双方のマネジメントをつなぐバトンの役割を担っているのです。

♠ **かつ方程式を分解し解決すべき課題を明示して共有する**

　図表33（106頁）でオンリー・ワンの商品経営の解決すべき課題の抽出・選択・設定についてもう一度みておきましょう。

　まずホップの段階のプラス・ワンの価値づくりは、コンセプトの明確化と、方向性を探索するためにベクトルを統一します。これには、次の三つのトクイを開発する課題を設定し明確にします。

(1)　「つくる」が得意分野
(2)　「つながる」が特異性
(3)　「うる」はターゲットとするお客様が得意先

これらの課題を決定課題と呼びますが、決定課題の中味、三つのトクイとはなにかと、解決すべき課題を具体的に設定し明確にします。
　次のステップ段階のオンリー・ワンの価値づくりでは、他との違いを探求し、商品の存在価値をつくります。これには独自性と実用性と優位性を探求する課題を設定し、明確にしていきます。これを対決課題と呼び、①「つくる」は独自性、②「つながる」は実用性、③「うる」は優位性を確立します。
　最後のジャンプは、受注工策課題の設定です。どのように他との違いを提案し、お客様とつながり、受注工策を展開していくか、そして注文を頂戴するかというお客様とのつながり開発課題です。
　このように、解決すべき課題を抽出し選択し設定して、明確化していくワークが絶対必要です。
　以上は、オンリー・ワンの商品経営のおさらいですが、プラス・ワンのサービス経営についても、同様のワークを通して、解決すべき課題を設定し明確にします。
　これを目標管理に対して課題経営と呼んでいます。これまでのように、いきなり目標数字を示して、やれやれというのではなく、目標管理より前に課題を抽出し選択して設定します。そして、この課題をある程度明確にしてから、三方位から儲ける実行計画として、経営計画に数字を落としこむのです。

♠戦略プロジェクトはなにを・誰が・いつまでに・どれだけやるかを共有する

　図表50をみてください。自社の○年度戦略プロジェクトは、常になにを、誰と誰が、いつまでに、どれだけやるかということを認識し共有します。そして、部門間のベクトルの統一を図りながらプロジェクトチーム相互間の競争意欲を刺激し合うことを狙っています。
　働くという字は、人が重点に力を注ぐと書きます。したがって、特に社長はじめ経営幹部（役員）は、常にいまなにを、いつまでに、どれだけやるかについて、今日よりも明日の仕事、明後日の仕事を意識し、これを承知した時間配分をしておくことが重要です。そうしないと、日常業務に埋没し、問題の先送りという、よく指摘される"ボンヤリの誤り"を犯す結果になりかねません。
　そこで、図表49のノート欄にみるいま打つ手の役割分担を念頭に、自ら解決すべき課題はなにで、自分は誰と、いつまでに、どれだけやるという目標をプラスした戦略プロジェクト考動を意識し、自分に与えられた宿題を確認してください。
　このプロジェクトを意識し、確認した後、プロジェクトを一点集中突破する作戦を立て、全力をそこに集中しクリアーするのです。
　以上が、課題経営のプロジェクト・マネジメントの概要です。

5 実行推進しなければ儲からない！

【図表50 ○年度戦略プロジェクト考動】 (実践シート8)

年度　　戦略プロジェクト考動　　部　門
自　年　月〜至　年　月　　　　　作成者

勝ちパターン：基本戦略指針
必要条件
十分条件

解決すべき戦略課題	プロジェクト名（なにを）	役割分担		日　程	備　考
		リーダー（自らやる）	メンバー	①1Q ②2Q 3Q 4Q ③ （いつまでにやる！）	達成目標（どれだけ）

165

6　プロジェクト・マネジメントを実行推進しよう

> **カンどころ**　第2創業課題に目標（いつまでにどれだけやる）を明確にした戦略プロジェクトへの挑戦によって、自ら儲けを創出する仕事のやり方が戦略プロジェクト・マネジメントです。

♠数値による「やれ、やれ」管理手法の限界を知る

　実行計画である経営計画を立案（プラン）して、やらせた（ドゥ）後、統制する（シー）という数値上の管理だけでビジネス破壊を克服できるかといえば、それは無理です。

　多くの会社が、数値管理の徹底を図っていますが、大抵数字のつじつまを合わせるためのウソの報告、できない理由を並べ立てた説明になっています。できなかった理由はかくかくだという言い分を、いちいち聞いても仕方がありません。またできないことをいくらやれといってみても、できないものはできないのです。

　過去のデータをもとに経営計画を立て、数字で示して「やれ、やれ」といっても、考え方ややり方がわからなければ実行はおぼつかないでしょう。この閉塞状態からどう脱却するかです。

　その方策として、①経営計画を立てるより前に、解決すべき課題を抽出して、その課題に目標をくっつけて、プロジェクトとして明示し、②このプロジェクトを検討することによって、ある程度クリアーできる目鼻をつけてから、③経営計画（実行計画）に数字として落とし込むことを提案します。

♠戦略を練り上げるプロジェクトに挑戦する

　上の方策・手順を踏まないで、シナリオに数字だけを明示して、ただ「やれ、やれ」といってもできないというのが実態です。

　今日の延長線上に明日がない昨今です。シナリオづくりでは、どうしても明日の仕事（非日常的な仕事）を重視する必要があります。今日の売上より明日の受注ですから、オンリー・ワンの商品経営や経営革新を伴ったプラス・ワンのサービス経営のプロジェクトである程度目途をつけます。それから、経営計画（実行計画）に目標数値を落とし込んでいくという手順が必要なのです。

　従来のプロジェクト・マネジメントは、実行計画である経営計画を立てて、これを達成するためにプロジェクト・チームをつくり、プロジェクトを運営し

ています。しかし、このやり方は、あくまでも計画順守や目標を達成するため、日常業務の改善を重視したプロジェクトなのです。

　ビジネス破壊を克服する方策としては、このような日常業務の改善プロジェクト以前に、非日常業務であるオンリー・ワンの商品経営や経営革新を伴うプラス・ワンのサービス経営について戦略プロジェクトを練り上げ、その解決の目途をつけていくことが肝心です。

♠戦略プロジェクト・マネジメントとは

　外部から儲けを頂戴する創発は第2の創業課題として、内部から儲けを捻出する変革は経営革新課題として抽出し選択し設定します。この課題に明確な目標（いつまでに、どれだけやる）をつけた戦略プロジェクトへ挑戦する、これによって、自ら儲けを創出する仕事のやり方を戦略プロジェクト・マネジメントと呼んでいます。

　戦略プロジェクトを解決しなければ、執行管理はうまく機能しません。またこの戦略プロジェクトと日常業務の改善プロジェクトとは、プロジェクトという言葉は一緒ですが、ねらいや中身は全然違うことを知っておいてください。

　社長はじめ経営幹部は、「やれ、やれ」管理手法の限界を承知して、右手で非日常業務の戦略プロジェクト、左手で日常業務の改善プロジェクト（これは部下に任せてよい）とを、両手に掲げ、双方のプロジェクト・マネジメントを実行推進してください。

♠戦略プロジェクト考動の成否はソートウエア

　図表50（165頁）は、戦略プロジェクト考動一覧表です。

　実行推進する戦略プロジェクト考動で大事なことは、まず業務処理マニュアルや管理手法を当てにしないこと、すべて自分の地アタマを酷使しながら素手で勝負する決意で取り組むことです。

　強調すべき点は、次の2点です。

(1) プロジェクトの実行推進が不可能な場合は、自社はもちろん、自分自身も明日がないという危機感と焦燥感をもって挑戦すること。
(2) 間違っても過去のデーターを持ち出して分析し、できない理由を探さないこと。

　いくら過去のデータや財務諸表を分析しても、閾値を越えることはできません。究極は、思い・願望（ウオンツWant）とソートウエア（thoughtware）が決め手です。

ソートウエアとは思考技術のことです。ハードウエア、ソフトウエアは学校などで教えてくれますが、このソートウエアはあくまでも経験からしか得られないものです。ハードウエアやソフトウエアからソートウエアがより重要視される時代になっています。能力より脳力重視の時代、脳力競争の時代になってきたわけです。この競争にかつには、自らの地アタマの酷使しかありません。

戦略プロジェクトへの挑戦を通じて、これをぜひ身につけてください。

♠課題には面白く味付けしたプロジェクト名をつける

解決すべき戦略課題というのは、3と4で取り上げた解決すべき課題ですが、得手に帆をあげかつ方程式を解く戦略課題（オンリー・ワンの商品経営）が肝心です。

決定課題、対決課題、つながり開発課題のほか、経営革新課題や得手に帆をあげるために間接部門が支援する課題についてみてきました。

この課題にちょっと面白く味付けしたプロジェクト名をつけます。どのような名前をつけるかの決まりはありませんが、なにをねらっているか、それにやる気が起こるような、また誰もが納得できるような名前をつけてください。

♠戦略プログラム考動一覧表の作成ポイント

図表50（165頁）の作成要領を列記すると、次のとおりです。

(1) ○年度（自　年　月～至　年　月）を明記します。また、部門名、作成名を併記します。

(2) 勝ちパターン：当面の戦略策定と展開で曲げてはならない中心軸のうち、状況が変われば変えていく可変の中心軸を明記します。または確認します。（88頁参照）

(3) 解決すべき戦略課題：34で抽出し選択し設定した解決すべき　課題またはこれを細分化した課題を役割別に明記します。

(4) プロジェクト名：上記の課題に面白みで味付けをしたプロジェクト名を明記します。

(5) 役割分担：リーダーおよびメンバーの名前を書く。リーダーは役職位と関係なく人選します。できるだけやる気のある若手を抜擢することです。

(6) 日時（いつまでにやる）：4半期単位で目途づけをします。ただし2～3年に及ぶ場合は、その期限を明記します。

(7) 備考：実行計画書と連動させ、これだけはやる！（数値目標）を明記します。以後の進行状況は、最低4半期ごとのチェックを忘れないでください。

7 プロジェクトを共有し一点集中突破作戦を敢行しよう

> **カンどころ** 戦略プロジェクト・マネジメントは、部下にやらせるハウツウではなく、社長と経営幹部自らがやるための武器(技術)です。

♠プロジェクト・マネジメント導入のすすめ

　仕事を"早く・正しく・完全に"こなすにしても、一所懸命に働く中身が変わってきました。考えながら動き・動きながら考えることが大事になってきたのです。つまり、能力以上に脳力(地アタマの強さ)を鍛えなければならなくなってきたということです。

　このように、ヒトも組織も、脳力競争に勝たなければ生き残れない時代になってきました。これからは労働生産性の向上よりも知的生産性の向上が解決すべき経営課題となっています。

　第２創業・経営革新で勝ち組になるには、脳力競争に勝つ知的生産性の向上を図るプロジェクト・マネジメントの導入をお勧めします。

♠プロジェクト・マネジメントで従来の既存組織の弊害をぶち破る

　既存の組織では、私うる人、私つくる人、私考える人、あなた動く人というように、営業・生産などの職能に分化された組織、またライン・スタッフという考え方で運営する組織は、いまや限界にきています。

　たとえば、埋まらない部門間のスキマを埋めようといくら会議をやっても、部門意識ばかりが出て、お客様を忘れた議論に終始しています。

　中小企業でも、こうした大企業病にかかってるところを多く見聞しています。その弊害を打破するためには、仕事をマニュアルや従来の習慣どおりにやる部門の効率のみを考えたやり方を改めるほかありません。

　プロジェクト・マネジメントとは、既存組織の弊害をぶち破るものです。

♠プロジェクトを共有し、一点集中突破作戦を敢行して、閾値を越える

　ビジネス破壊の渦中では、現在の延長線上に答えがありませんから、否応なしに、新しいやり方を考えださなければならなくなっています。

　プロジェクト・マネジメントは、営業・技術・製造という異なった職能部門の人たちが一堂に集まって、解決すべき課題と目標をいつまでに、どれだけ、

どのくらいの費用で解決するかを明示したプロジェクトを表面に出してチームごとに取り組みますから、答のない時代に相応しい仕事のやり方です。

　要するに、挑戦する戦略プロジェクトを絞り込み、絞り込んだプロジェクトを全員（全社）で共有し、共有した全社的プロジェクトに一点集中して突破作戦を敢行し、閾値という壁を越えるのです。

　☞　閾値とは、経営革新をして全社を変えるのか変えられないのか、第２創業を軌道にのせるか乗せられないかを分かつ分岐点のことです。

　執行管理を担当する基幹職（部課長）は勝つプロジェクト、経営幹部は克つプロジェクトを、社長は贏つプロジェクトに自ら挑戦してください。（163頁の図表49ノート欄参照）

♠ T社ではお互いの仕事がわかるなどかなり成果があった

　T社では、部課長中心に勝つ改善プロジェクト・チームを編成しました。これまであまりにも部門意識のこだわりが強いため、ヨコ割り、つまり部門間のつながりを重視して、八つのプロジェクト・チームを編成したのです。できるだけ若手を中心に１年間やってみたところ、かなり成果がありました。

　プロジェクトとしては、コスト・ダウンチーム、リード・タイム短縮チーム、受注活動チームなどを取り上げたのですが、まずお互いの仕事の内容がわかり相互に横の連絡が密になってきました。これまでの部分最適よりも全体最適の大切さがわかってきたのです。そしていま忙しいからできないという自分の都合よりも、お客様の都合を優先するようになってきました。

　さらに、いままではあれもこれもとやらなければならないことばかりで、優先順位がはっきりしていなかったのですが、すべてに優先して、このプロジェクトに集中して取り組んだ結果、それなりの成果があがったのです。

　このメンバーは１年間で解散しましたが、この業務改善プロジェクト活動は後輩に譲り、メンバーは指導する立場に回りました。ここで１年間訓練を積み学習した人たちは、経営革新への挑戦という新たなプロジェクト・チームを結成して実行推進に取り組んでいます。

♠ やった結果をみんなの前で表彰する

　やった結果をみんなの前で表彰しますと、「これだけやったんだよ、やればできるんだよ」ということをみんなが認めます。俺もやらなければという気持ちを喚起させることもできます。

　したがって、知的生産性の向上には、「ああでもない、こうでもない」とみ

5 実行推進しなければ儲からない！

んなが寄ってたかって考える仕事の進め方をぜひ取り上げていただきたいのです。このようにやり方を変えれば、組織が活性化してきます。また、知恵を出し合えば、いままで考えもしなかった効果が随所に出てきます。ぜひ導入してみてください。

　成果を給与に結びつける人事管理のためにプロジェクト・マネジメントを導入するのではありません。あくまでも、従来のやり方の弊害をうち破り、お客様の満足の追求と、知的生産性の向上を第一義とした導入を考えてください。

♠戦略プロジェクト・マネジメントのねらいとポイント

　戦略プロジェクト・マネジメントのねらいとポイントは、次のとおりです。
(1)　第２創業・経営革新で勝ち組になる・元気印の会社づくりをするという目的意識を共有させる

　目的意識を全社で共有できれば、前途にいかなる困難が待ち受けていようとも、挑戦し克服できるものです。自社はなにをやるかという目的意識をもち、共有するためには、従来の管理手法に変わる「自らやる新たな経営技術」が必要です。すなわち、かつ役割（贏つ・克つ・勝つ）別に、いま一番の重大事を解決するのです。ここがポイントです。このポイントを外して、会議を繰り返していても始まりません。

　「能書きをいい合ってるヒマがあったら、矢を抜いて手当しろ」です。
(2)　「かつ」役割別に課題を経営（試行錯誤）する

　「矢を抜いて手当しろ」というのは、「自社ではいまなにが課題か、なぜそう考えるのか、どうすればクリアーできるのか、やるか・やらないのか」を３Ｗ１Ｈ（What・Why・How to・Want）で考えることです。

　この３Ｗ１Ｈで考えさせる指導が大事です。この指導を行うことによって、挑戦するプロジェクトに自主的に取り組むようになります。この点を誤解している社長が少なくありません。

　「現代の名工」として労働大臣から表彰された古川和正氏（ニコン試作課）は、「いま、３人の部下を指導していますが、本人たちが考え、納得しながら体で覚えていくことが重要だと考えています。課題を与え"お前ならどうつくる？" "手順はどうする？"と尋ねながら一緒に取り組んでいます。いわれたことをそのままやるだけでは伸びない。マニュアルだけではダメなんです」と語っています。

　１人の上司が核となる２人くらいの部下を指導し、後釜を育てる（共有する）武器として後述する実践シート10（図表53・179頁）を活用してください。

8 よし・これで・いくぞ！の実行推進法で考動しよう

> **カンどころ** わかったというレベル、他人に説明できるレベル、実際にやれるというレベルがあります。当然「やれるというレベル」まで引き揚げないと経営戦略は動きません。

♠自ら儲けを創出する―いま打つ手を掘り下げる

図表52（175頁）が筆者の提案する第2創業（経営革新を含む）の実践解の実行推進法であり、知的生産性の向上策です。目標管理より前に課題経営ありと強調するゆえんがここにあります。

図表52のなかの図表32（102頁）は、前述したとおり、いまなにをしたいのか（ウオンツWant）、なにをすべきか（マストMust）、どうするか（ドゥDo）を一覧にした創発（創造的発展）と変革のシナリオです。

社長が仮説構想したウオンツを検証（修正）し、実行に結びつけるわけですが、もう一度マストとドゥの部分をみておきましょう。

なかでもMust（これで）欄は、役割別（勝つ・克つ・贏つ）年度別のフシをヨコ軸、商いの原点（つくる≡うる）をタテ軸としたマトリックスのなかのブラックボックスを埋める課題を明示します。

そして、明示した解決すべき課題に目標（いつまでにの期限を重視する）を付加し、役割別にいま打つ手を明確にするのが、Doいくぞ！欄です。

♠自らの給料に値する仕事を創造する―戦略プロジェクトと対決

図表52は、三方よしの経営を実現し、結果として成果を得る実行計画を立案し策定する手順（Hop・Step・Jump）とポイントを示したものです。

(1) Hopよし：戦略プロジェクト考動（図表50）

全社をあげて、いま重点的になにに挑戦するか、つまり一点集中突破するかの戦略プロジェクト考動を役割別（勝つ＝基幹職、克つ＝経営幹部、贏つ＝経営トップ）に一覧表で明示する。

この全社的にベクトルを統一する戦略プロジェクトから自らの役割を確認し、"よし"と胸を叩いて決意を固めて、各自が実行推進の先頭に立ってほしいのです。

(2) これでStep：狭義のよし・これで・いくぞ！

規模の大きい会社や比較的プロジェクト中心に仕事をしている会社の場合、

部門またはチームが挑戦するプロジェクトを細分化し、個人別のプロジェクトを明記する。これが図表51の狭義の"よし・これで・いくぞ！"なのです。

いわば、全社的なシナリオ（図表32）のミニ版で、個人別のシナリオです。これを作成することによって、自分の役割がより一層明確になります。いいかえれば、各自が自分の役割をつかみ、"よし・これで・いくぞ！"と自ら突破作戦のシナリオを練り、奮い立たせる、これが狙いです。

とにかく、従来の管理行動プラン・ドゥ・シー・アクションからウオンツ・マスト・ドゥの経営考動に転換します。そして大局着眼・小事着手の演繹的考動を展開してください。

この考動のポイントは、次のとおりです。

① よしWant

物事の成就には、"はじめに志・願望（Want）ありき"です。ホップ段階で明示された各部門やチームに期待される戦略プログラムを確認し、これをアタマのなかに叩き込みます。

② これでMust

うえの期待される戦略プロジェクトをホップ・ステップ・ジャンプと三つに刻み、いつまでに、なにをするか、しなければならないか、期間限定のサブ・プロジェクトを鮮明にします。

③ いくぞ！Do

期間を限定したサブ・プロジェクトには、常に次の三段階を念頭に、その手を打ち続けることです。

・当面ホップするためのいま打つ手。
・明日ステップ・アップするためのいま打つ手。
・明後日ジャンプするためのいま打つ手

以上の過程を経てお客様の満足を追求します。

(3) Jump：いくぞ！

チャレンジシートで実行を推進します。つまり自らプロジェクトと対決し、試行錯誤を繰り返しながら、これをクリアーします。（179頁の図表53参照）

最後に、もう一度図表52（175頁）を眺めてください。これを芝居にたとえるならば、図表32は芝居全体のシナリオです。"よし"の戦略プロジェクト考動は、誰がなにを演ずるかの配役一覧表です。

"これで"の、よし、いくぞ！（狭義）は、役者別の役割分担となります。最後の"いくぞ"のチャレンジシートで、役者（個人）は、演技に磨きをかける工夫を繰り返すというわけです。

♠鉄の意思を堅持する

　この"よし（ウオンツWant）"は、徹底的に心願にこだわる鉄の意思が必要です。"これで（マストMust）"は、やるかやらないか、できるかできないかとどぎつく自分との対決を繰り返します。最後の"いくぞ（ドゥDo）"は常にライバルを意識して、根畜生の反骨心・闘争心を燃やすことが大事です。

　これは本当に自分との対決です。この対決なくして、そう簡単にプロジェクトはクリアーできないからです。

【図表51　よし・これで・いくぞ！】

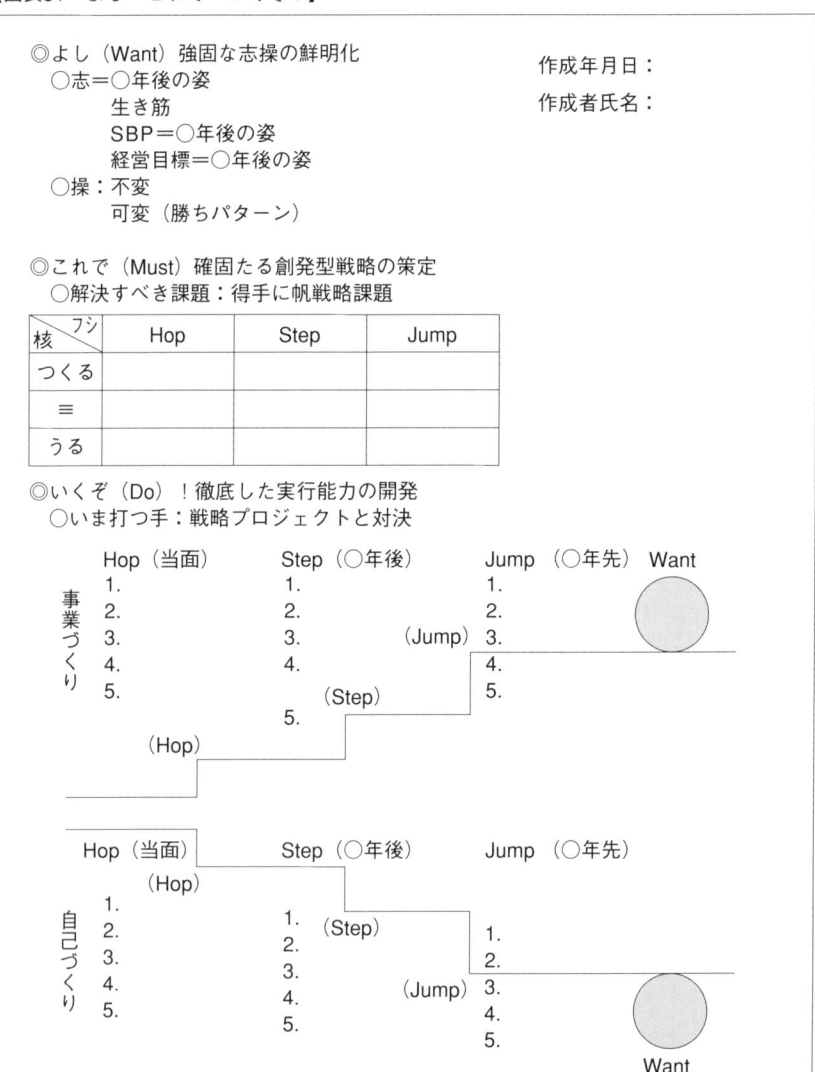

◎よし（Want）強固な志操の鮮明化
　○志＝○年後の姿
　　　生き筋
　　　SBP＝○年後の姿
　　　経営目標＝○年後の姿
　○操：不変
　　　可変（勝ちパターン）

作成年月日：
作成者氏名：

◎これで（Must）確固たる創発型戦略の策定
　○解決すべき課題：得手に帆戦略課題

核＼フシ	Hop	Step	Jump
つくる			
≡			
うる			

◎いくぞ（Do）！徹底した実行能力の開発
　○いま打つ手：戦略プロジェクトと対決

事業づくり
　Hop（当面）　　Step（○年後）　　Jump（○年先）　Want
　1.　　　　　　1.　　　　　　　　1.
　2.　　　　　　2.　　　　　　　　2.
　3.　　　　　　3.　　　（Jump）　3.
　4.　　　　　　4.　　　　　　　　4.
　5.　　　　（Step）　　　　　　　5.
　　　　　　　　5.
　　　（Hop）

自己づくり
　Hop（当面）　　Step（○年後）　　Jump（○年先）
　（Hop）
　1.　　　　　　1.　（Step）
　2.　　　　　　2.　　　　　　　　1.
　3.　　　　　　3.　　　　　　　　2.
　4.　　　　　　4.　　　（Jump）　3.
　5.　　　　　　5.　　　　　　　　4.
　　　　　　　　　　　　　　　　　5.
　　　　　　　　　　　　　　　　　Want

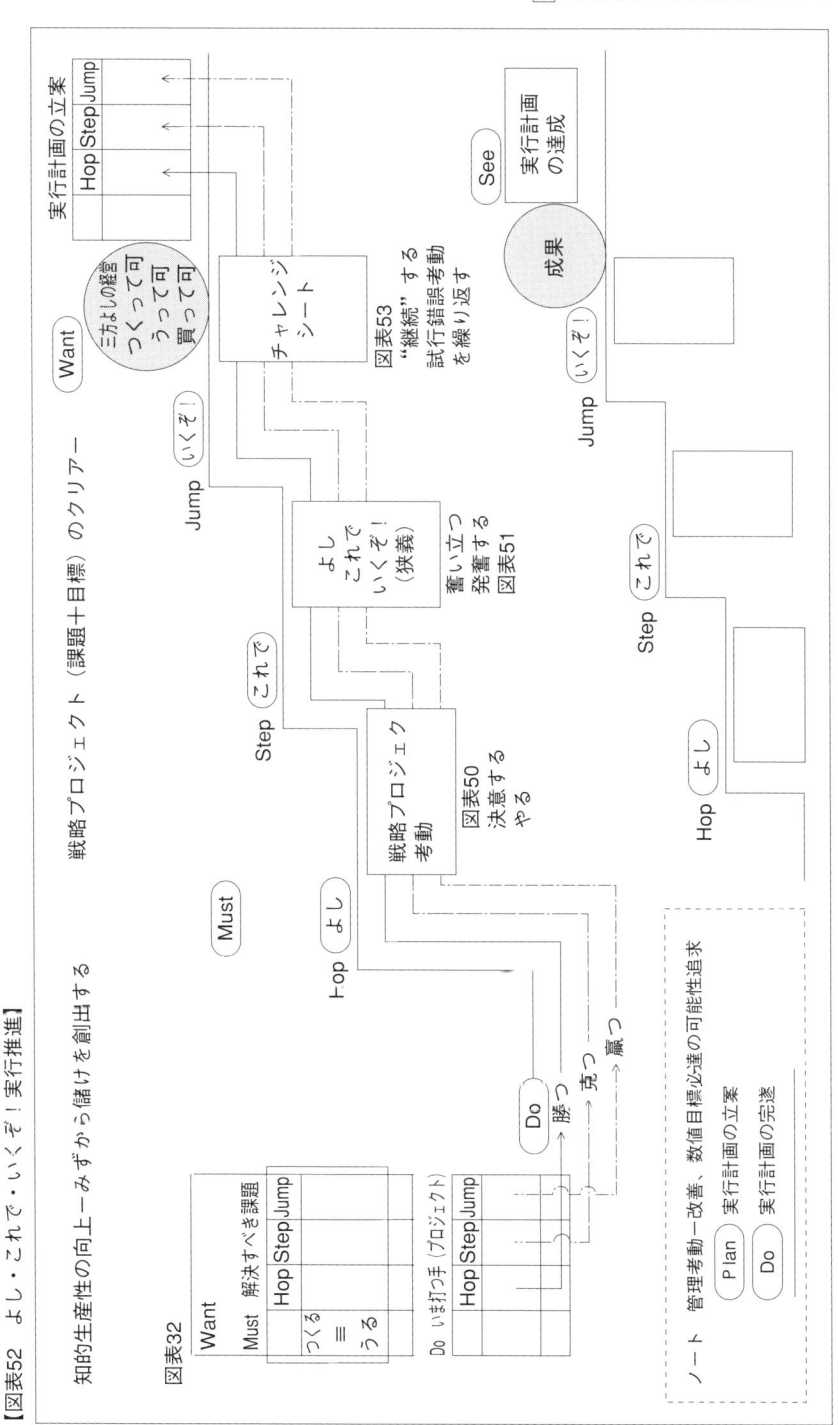

5 実行推進しなければ儲からない！

【図表52 よし・これで・いくぞ！実行推進】

知的生産性の向上―みずから儲けを創出する　　戦略プロジェクト（課題＋目標）のクリアー

図表32

Want　解決すべき課題
	Hop	Step	Jump
つくる			
買う			
うる			

Must　よし

Do　いま打つ手（プロジェクト）
	Hop	Step	Jump

Do → 勝つ → 克つ → 贏つ

戦略プロジェクト考動　図表50　決意する　やる

Hop　よし

Step　これで

よしこれでいくぞ！（決議）　奮い立つ発奮する　図表51

Jump　いくぞ！

ミカタの援軍　つくって可　うって可　買って可

Want　いくぞ！

チャレンジシート　図表53　"継続"する　試行錯誤を繰り返す

実行計画の立案
	Hop	Step	Jump

Hop　よし

Step　これで

Jump　いくぞ！

成果

See　実行計画の達成

ノート　管理考動―改善、数値目標必達の可能性追求
Plan　実行計画の立案
Do　実行計画の完遂

175

9 チャレンジシートと対決し自ら儲けを創出しよう

カンどころ 情報化時代のいま、もっとも速く変化するのはカネと情報、2番目がモノ、3番目が人、4番目が人の意識。この人の意識を変えなければ、生き残れない時代です。

♠組織の個人個人がプロジェクトと対決する

組織の実行推進は、究極的には個人に帰着する問題です。各個人が自らの地アタマを酷使し、素手で勝負する、その総和が組織力です。

そこで、組織の個人個人がいかにプロジェクトと対決するかについて再度考えてみましょう。

前途を拓く戦略プロジェクトとの対決には、考えながら動く・動きながら考える"考動"なくして成果はありません。打つ手は無限ですが、次の三つの原則が大切です。

(1) 最後までやり遂げる情熱と責任の原則
(2) 鉄の意思で試行錯誤を繰り返すの原則
(3) 俺がやらねば誰がやるの原則

これは、24時間勤務でまず自分に克つことです。特に狂の一字を友として、"よし（ウオンツWant）""これで（マストMust）""いくぞ（ドゥDo）"の考動を展開します。そして閾値を越えることです。

♠チャレンジシートで試行錯誤を繰り返す

次に大切なのは、図表53（179頁）のチャレンジシートで試行錯誤を繰り返すことです。チャレンジシートは、まず自分の頭のなかに理論的に体系づけたものをつくって、自分の考え方をまとめることに役立ちます。

つまり、"よし（ウオンツWant）""これで（マストMust）""いくぞ（ドゥDo）"の演繹的考動と情報元手の仮説検証（修正）考動の継続が大事です。繰り返し試行錯誤をしていると、いつの間にか自分の考え方がまとまってくるものです。

このように、いま打つ手を時系列で追い続けると、自分なりの考え方や一種のひらめきが得られるようになりますから、難しく考えずに興味深い情報や思ったことをとにかく時系列的にメモすることです。そしてこれを時々読み返しながら流れを追っていき、自分の考えをまとめるのに役立ててください。

普通、紙や手帳にメモをとることが多いものですが、紛失したり、忘れてしまうことが多く、それを防ぐためにも、挑戦プロジェクトごとに、1枚のシートを作成します。
　シートには、こういうことをやろうとひらめいたことや、人からヒント・きっかけをもらったとか、またつかんだことを、そのつどメモしておきます。単に日記帳的に記述するのではなく、思ったことを文字や絵で表現しておくと、思考がだんだんと固まっていきます。このような考動を継続することによって、自らの地アタマはだんだんと強くなると思います。
　このチャレンジシートは、Z社で試みにやってみたところ、それなりの効果があったので、それ以来どこでも推奨しているのです。
　チャレンジシートの書き方・作成の要領は次に譲るとして、ここで強調したいのは、継続することに意義があるということです。"継続は力なり"です。その力が運を呼びます。この二つの言葉を信じて、いつもチャレンジシート（179頁の図表53）と向かい合ってください。

♠チャレンジシート作成のポイント

　チャレンジシートの作成も、そう難しく考える必要はありません。自分に与えられたり、自分で挑戦しようと思っている戦略プロジェクト名を、挑戦戦略プロジェクト欄に明記します。どれだけやるかを目標欄に、いつまでにやるかを実行スケジュール欄に、いま打つ手を内容方策欄に明記します。
　解決すべき戦略課題欄には、解決すべき戦略課題をもってきます。例えば、オンリー・ワンの商品経営の決定課題だとか、プラス・ワンのサービス経営の解決すべき課題です。
　そして内容方策欄はいま打つ手を明記します。ホップするためにいま打つ手、ステップするためにいま打つ手、ジャンプするためにいま打つ手をそれぞれ五つくらい抽出し、これを列記します。
　次に、ヒント・きっかけ・アイデアは、前述したようにその都度日付とともに、ヒント・きっかけ・アイデア欄にメモしていきます。どの本を読んだときにこういうヒントがあったとか、聞いた話などから得たいいヒントや、きっかけはここへメモします。
　実践解の検証は、実際に自分でやった結果、実践してみた結果を顛末欄に記入して、これだという定説をつかむまで、試行錯誤します。Aというヒントがだめなら、また新しいヒントを探して、それをやってみます。それを時系列的に並べておくと、最後になってなぜこんなことに時間を費やしたのか、自分の

考え方の未熟さを痛感することが多いものですが、とにかくかまわず試行錯誤することです。慣れてくればポイントがうまくつかめるようになるものです。

♠チャレンジシートは、自分づくりにも活用できる

　このチャレンジシートは、自らの仕事との対決が主な目的ですが、仕事との対決以外に自分づくり、すなわち自己啓発とか自力再生にも活用できます。特に落ち込んだときにどう立ち上がるかというようなときに使ってみてください。

　このほか、核となる部下とともに同じシートを持ち合って、ともに戦略プロジェクトの実行・推進を粘り強くフォローしてください。部下のＡ君に同じチャレンジシートをもたせます。そして自分がいったことをメモさせます。Ａ君がやった結果を聞き、自分のシートに書き込みます。また、これをフォローするという具合にコミュニケーションを図るツールとして使っていくのです。

　このワークを根気よくやることが、共育になります。部下と一緒に育つためには、ぜひこのチャレンジシートを活用してください。共に育つ共育には、大いに効果あるからです。

　いずれにしても、戦略プロジェクトの成否は、このシートの達成状況のチェック欄をどれだけ辛抱強く埋めることができるか、またできたかにかかってきます。この意味で、鉄の意思で試行錯誤を繰り返す原則を堅持して、仕事と自分、そして部下と対決（対面解決）を繰り返し、戦略プロジェクトをクリアしてください。

♠社員・部下の意識革命のステップ

　社員・部下の意識革命ということになると、全員の盛り上がりを期待しなければなりませんが、それには起爆剤が必要です。

　そこで、「リストラやリカバリーの核になるのは君だ。君しかいない」と、２～３人を選び出し、マン・ツー・マンで育てることをお勧めします。彼等を核にして、順次同じことをやっていけば、眠っている人たちの目覚ましになるというわけです。

　次に、課題を与え、一緒になって解決に取り組みます（171頁の古川和正氏の後継者づくり参照）。つまり課題意識をもって仕事と対決させることです。

　そして、情報で口説くこと。仕事の意義を説き、仕事の成功を通してやり甲斐や生き甲斐を感得させるのです。

【図表53　戦略プロジェクト実行推進書】

（実践シート10）

－チャレンジ・シート－　　　（氏名）

○挑戦戦略 　プロジェクト		（目標値）
○解決すべき 　戦略課題		

○内容方策（打つ手）

　　　　Hop　　　　　　　　　Step　　　　　　　　　Jump
　1.　　　　　　　　　　1.　　　　　　　　　　1.
　2.　　　　　　　　　　2.　　　　　　　　　　2.
　3.　　　　　　　　　　3.　　　　　　　　　　3.
　4.　　　　　　　　　　4.　　　　　　　　　　4.
　5.　　　　　　　　　　5.　　　　　　　　　　5.

実　行 スケジュール	①　1Q　　2Q　　3Q　　4Q　　②　　③

試行錯誤の継続＆達成状況チェック欄

日付	ヒント・きっかけ・アイデア	顛　　末	上司印

10 社長は決断・実行力で破格前進しよう

> **カンどころ** 事業基盤の整備も含めて経営の成否は、社長の決断・実行力いかんにあります。決断・実行は、自力本願姿勢を堅持し"衆議独裁"が肝心です。

♠成否は社長の決断・実行力いかんにある

事業基盤の整備も含めて経営の成否は、社長の決断・実行力のいかんにあります。ビジネス破壊を克服する社長としてはどうあるべきか、そのポイントをみておきましょう。

経営の責任者として決断・実行するには、やはり孤独に耐える力がなければなりません。商いには意思力が必要ですが、孤独に耐える力とは、陰の意思力（我慢）をいいます。

何事もそうですが、究極的に頼れるのは自分だけだという自力本願姿勢を堅持することです。他人に頼る他力本願の姿勢ではなく、自力本願姿勢を堅持するには、身を削る決断・身を削る思い、身を切る勇気（実行）、そして最後に身を立てる知恵（考えて動く考動）が必要です。

さらに、乗換えの早さも大切です。方針変更の早さ・変わり身の早さでスピード経営に取り組むのです。中小企業のオーナー経営の強さは、乗換えの早さ、方針変更の早さ、変わり身の早さにあります。これを大いに発揮してください。

♠決断・実行は、"衆議独裁"が肝心

次に、決断・実行は、"衆議独裁"が肝心です。大手企業のように下から上がってくる稟議書にハンコをつくだけでは、絶対にだめです。いろんな形で皆の知恵を集めても、決断は１人、つまりワンマン・デシジョンでなければなりません。またトップダウンでなければ、変化の先取りやビジネス破壊に対応できません。

日本発の"500ドルのパソコン"で名を馳せ、わずか５年で売上高が60億を超える急成長を遂げたプロトンという会社の大槻社長は、「自分で起業してみて思うんですが、家族特に奥さんに聞かないと、自分の運命を決められないやつは、やっぱりベンチャーをやっちゃいけないですよ」と喝破されています。

後継者、特に２世後継者の方とお会いする機会が多いのですが、よく「女房はこういっている」という方に出会います。また役員会で決定したことが、翌

5 実行推進しなければ儲からない！

【図表54　決断・実行なくして成果なし！】

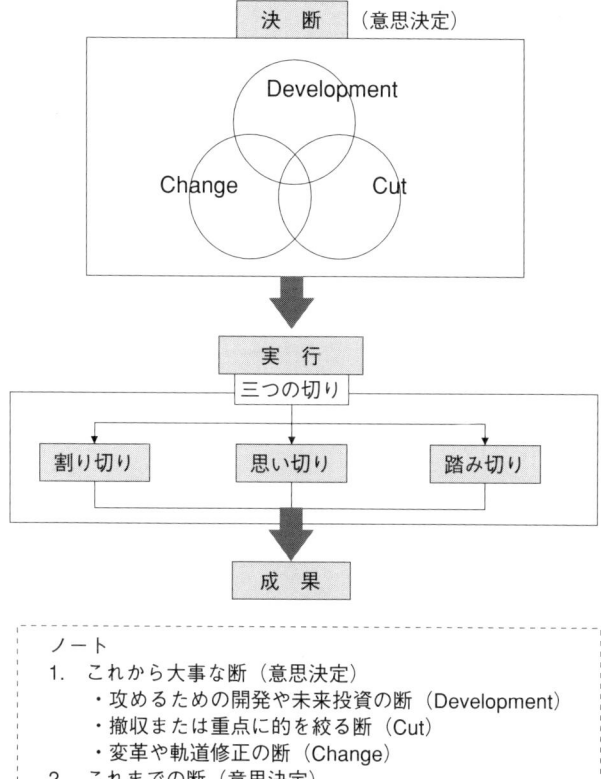

```
                    決　断　（意思決定）
        ┌─────────────────────────────────┐
        │              Development         │
        │                                  │
        │       Change         Cut         │
        └─────────────────────────────────┘
                        ↓
                    実　行
        ┌─────────三つの切り─────────┐
        │                              │
        │  割り切り   思い切り   踏み切り  │
        └──────────────────────────────┘
                        ↓
                    成　果
```

```
ノート
1. これから大事な断（意思決定）
   ・攻めるための開発や未来投資の断（Development）
   ・撤収または重点に的を絞る断（Cut）
   ・変革や軌道修正の断（Change）
2. これまでの断（意思決定）
   ・計画達成・規則規定順守の断（Control）
   ・弱点補強・改善の断（Maintenance）
```

日覆されるケースもあります。家に帰って奥さんに話したら、奥さんの意見でひっくり返ったというわけです。

家族で和の経営をやってうまくいくのならともかく、変化の先取りやビジネス破壊の克服には、そんなやり方では到底無理です。「本当に家族に相談しないと自分の運命が決められない人はベンチャーに向いていないから、それはサラリーマンのほうが絶対よいですよ」というプロトンの大槻社長の言葉をよくかみ締めてください。

社長は、孤独に耐え、しかもストレスと仲良くできるタイプでないと務まらないと覚悟を決めてかかるしかありません。それができなければ、後進に道を譲るしかないのです。

♠意思決定五つの断

すでに述べたとおり、意思決定には、図表54のノートにみるように五つの断がありますが、商略、戦略的意思決定には、次の三つが大切です。
(1) 切るべきものは切る、Cut。
(2) 軌道修正するものはする、Change。
(3) 伸ばすものは伸ばす、Development。

このCut、Change、Developmentの意思決定には、過去の成功体験はまず通用しません。

また、意思決定には、三つのキリが不可欠です。
(1) 思い切り
(2) 割り切り
(3) 踏み切り

この三つの切りができなければ、断行（決断・実行）はおぼつかないのです。

経営者にとって孤独に耐える勇気とは、この三つを切る勇気です。

♠破格前進を躊躇してはいけない

破格前進とは、常識を破って前進する、気概・情熱（エキサイティング）をいいます。つまり、陰の意思力の対極にある陽の意思力で、まったく前向きの姿勢でありやる気のことです。

ここで大切なのは狂（狂い）の一字で、ホップ、ステップ、ジャンプと閾値を越えることです。閾値とは、あまりなじみのない言葉ですが、第２創業が軌道に乗るか乗らないかを分かつ分岐点（壁）のことです。この分岐点のことをフシ（壁）と呼んでいます。

"100円ショップ"の大創産業の矢野社長は、「物わかりがよく、性格も鷹揚な"かっこいい社長"の反対を演じることだ」といわれます。

これまでは、どちらかというと理想の社長像は、物わりがよく、性格も鷹揚で、いわゆる"かっこいい社長"でした。そういう社長が社員にもてたし、マスコミも持ち上げてきました。しかし、いまや狂の一字が大切なときです。物わりがよい、性格も鷹揚、そしていいかっこしている社長は失格です。

そこで"君子豹変す"のときですから、いままでの自分と反対を演じる必要があります。

"起業家の前に道はない。起業家の後ろに道ができる"という格言があります。道をつくっていくのは、断じていいかっこしいの社長では務まりません。

いいかっこしいの社長、物わりのいい社長は、会社を潰すと自戒し、狂の一字を活性化してください。

11 社長は感動のプロデュースで陣頭指揮をとろう

> **カンどころ**　「不況なにするものぞ」という社長の気迫が全員を奮い立たせます。社長は、本気（喜怒哀楽の感情むきだし）で、陣頭指揮をとらなければなりません。

♠人間は感動しなければ動かない

　部下を共育する（共に育つ）場合に、どうしてもリーダー自身のリーダーシップが大事になってきます。そこで感動をプロデュースするリーダーシップについて考えてみましょう。

　人間は、感動しなければ動きません。「やれ、やれ」といって命令してもなかなか動かないのです。感動してはじめて動くのが人間だと思います。

　期待と信用の信、信頼の信、信任の信の一字が人を動かすといえます。いいかえれば期待と信の一字ががなければ人は動かないのです。

　中小企業のオーナー社長は、大企業の場合と異なり人の扱いが全然違います。むしろ異なっているのが当たり前です。

　ナポレオンは、「人を動かすには、二つのテコがあればいい。それは恐怖と利益である」といったそうです。

　確かに恐怖と物的な利益をもってすれば、人は一時的に動くでしょう。しかし、お互いの心底に期待と信頼に欠ける人事のシステムややり方では、決して長続きしません。

　人を動かすテコは、権力から金銭へと移動してきましたが、いまは情報です。自分の言葉で口説くことが大切なのです。金銭という物的利益では、勝ち目がなかった中小企業の社長は、これからは情報に着目すべきです。

　情報で口説きます。説得ではなく、感動を与え納得させるのです。これがリーダーシップの求心力になります。

♠感動と期待と信の一字をアタマから離さずに人と接する

　そういう意味で、感動と期待と信の一字をアタマから離さずに人と接していただきたいのです。この感動にはサイクルがあります。つまり感動のサイクルを回す社長が会社・仕事・自分自身に自信と信念をもつことが肝心です。

　この自信と信念を核（コア）として、共鳴共感、参加意識、共育、興奮のルツボという四つの輪を回すのです。一つは、自分自身の生き様を通して、他人の共鳴共感を得ることです。

二つ目の参加意識は、人は自覚と環境によってつくられるといわれていますが、自己の成長に対するやり甲斐や生き甲斐を覚える環境をつくることです。組織にロイヤリティ（忠誠心）をもつ意識の醸成が必要ですが、無理やりではなく、自然に環境や組織にロイヤリティをもつように意識づけることです。

♠共に育つという共育こそ本当の教育

　お客様の宿題を解くことによって、会社が育つことは、お客様という師（教師）によって、育ててもらっていることへの感謝を意味します。

　またお客様の宿題を解くことによって、自分自身も成長します。ですから、お客様という師に育ててもらっていることに感謝の念をもって接することが大切です。

　お客様の無理難題を解くことによって、自分が成長している、させてもらっているという共育の輪が三つ目です。

♠感動をプロデュースする

　四つ目の輪は興奮のルツボに巻き込むという最も重要な輪です。これには結果を共に味わう時と場と機会を設営して、「やった！」という興奮のルツボに巻き込む工夫と仕掛けが必要です。

　以上のとおり、リーダーたるものは、まず自ら会社とか仕事、自分自身に対する自信と信念をもつこと。これをコアとして、共鳴共感、参加意識、共育、興奮のルツボという四つの情（感情）の輪を回すのです。

　この四つの輪を回し続けることが、感動をプロデュースすることであり、その結果、人を燃やし続けることができるのです。

♠ヤキ・カツ・気合いを入れる

　共育には、感動を与える場合、感情が唯一のエネルギーです。例えば、目に余る行為に対しては、感情をぶつけて、一喝する勇気がなければ、人は育ちません。

　民主的教育が普及しすぎたためか、とかく遠慮が先に立ち、感情を押し殺すあまり、愚痴・皮肉・陰口となる場合が多いようです。また、小言や文句、評論だけでは人は育たないどころか、むしろ役立たずの人にしてしまいかねません。

　そこで、適時的確に次の三つの"入れる"を怠らないようにしたいものです。
(1)　ヤキを入れる……意識や精神を鍛え直す
(2)　カツを入れる……脳に新鮮さを吹き込む
(3)　気合いを入れる……心身に張りをもたせる

12 社長はリカバリーのノウハウを自分のものにしよう

> **カンどころ**　人より先を歩くには勇気が要ります。方角はこれでよいか、迷うと立ち止まり、危険だったら足がすくみます。しかし、"破格前進なくして前途なし"です。

♠社長は"真のエリートであれ"

　社長は、"真のエリート"でなければなりません。真のエリートとは、国家・社会に対して、自分はなにをなしえるか、またなにをなすべきかという責任感と使命感に燃えた人のことをいいます。

　自社が儲けることも、究極は日本経済に対してなにをなし得るかが心底になければなりません。商いは、直接的にはお客様が対象ですが、大局をにらんだ真のリーダーシップを発揮していただきたいのです。

　真のエリートであるためには、"原因自分論者"であることです。物事がうまくいかない原因は、「すべて己にある」といい切れる人です。"原因他人論者"の社長は、「儲からないのは政府が悪い、銀行が悪い、従業員が悪い、お客が悪い」といって他へ責任転嫁をします。

　責任には、遂行責任と結果責任がありますが、大切なのは、責任感に基づき、結果責任を負う度量をもつことです。「俺が結果責任をとるから、俺のいうとおりやってみろ」と社内に対して、この一言がいえなければ、ビジネス破壊を乗り切ることは、非常にむずかしいと思うのです。

♠"禍を転じて福となす"リカバリーのノウハウをもつ

　社長に必要なものは、ビジネス破壊という禍中にあって"禍を転じて福となす"ことができるリカバリーのノウハウ（経験的価値）です。

　セオリー・マネジメントのハウツウでは、ビジネス破壊（価格破壊・制度破壊・系列破壊・コスト破壊の四つの破壊）を克服することはできませんから、どうしても"禍を転じて福となす"リカバリーのノウハウ、いわば転んだときに立ち上がる知恵と腕が必要不可欠です。

　そこで、社長は、このノウハウをどう自分のモノにするかについて考えてみましょう。

　まず大切なものは、情報の事業化における三つのカンと知恵です。三つのカンとは、①勘の勘、②感性の感、③観察・観測の観をいいます（「やる気・やる

チャンス・やる力」高原慶一朗著・日経BP社）。

①の勘はひらめき、情報のキャッチ能力です。ここになにかがあると感じるアンテナ能力のことです。②の感は、受信した情報を自分のなかに反響させて、これはいけると手応えをはかり、仮説を感じる反応能力です。③の観は、その手応えを経験や時代の流れ、データや実績などのパースペクティブ（遠近法で書いた図）のなかにおいて、仮説を具現することです。

ユニチャームの高原会長は、２代目いや1.5代目経営者のなかで尊敬する１人ですが、三つのカンを大事にして常に新しい着想をされ、これに知恵を加えて事業を展開されている方です。

次に大切なものは、人の物真似は絶対にしないという反骨心が必要です。勝ち組の経営者をみると、やはり他人がやれないことをやっておられます。クロネコヤマトの小倉会長も、ＭＫタクシーの青木会長も、独自の道を切り開いた後に（起業家の後ろに）道ができています。

さらに、破格前進で試練を乗り越える不屈の精神、信念が大事です。これは現状維持派、保守派の抵抗はもとより、規制する法律などをぶち破る超人的なエネルギーや迫力、情熱です。

また、物事を成し遂げるまでは、失敗してもくじけず試行錯誤を繰り返す執念というか執着心がなければなりません。

♠オーナーシップを発揮しよう

企業家精神を、オーナーシップといいましたが、これは、大局に着眼し小事に着手して、ホップ、ステップ、ジャンプと閾値を越える精神力をいいます。

連続的な緊張に耐える力が、管理者精神であり力ですが、企業家精神、つまり不連続的緊張に耐える力と精神（オーナーシップ）とは、次元を異にします。明日を拓くには、不連続的な緊張に耐える精神と力で道を拓くことです。これには自ずから扉をこじ開けて、壁を越えなければなりません。

この苦労を厭わない、いや苦労を楽しみ、ストレスを友とする精神がなければ、経営のトップは務まらない時代です。

もし、この企業家精神が活性化できない経営トップは、社長・会長の座から下りる決断をすべきときです。

いま、業績不振会社の社長には、概して危機意識と商略・戦略考動の欠如が目立ちます。これは他人ごとではありません。自分自身の危機意識と商略・戦略考動の有無を自己点検してみてください。

13 会社は社長の器以上に決して大きくしてはならない

> **カンどころ** 人が成功を収めるには、まず"運"が大切。次は"努力"、最後は生まれつき備えている遺伝子（才能）です。商いは、社長の器の範囲内に限ります。

♠商いは社長の器量内に限る

「いまや我々を取り巻いている環境は、"少数派社会""マイノリティの時代"へと変わってきている。少なくとも従来のような"マジョリティ社会""多数決原理"の延長線上にはないということを自覚してかかる必要がある。何か新しい秩序を求めて動き始めている。世の中が変われば"少数派"が先頭を切るものである。多数派が変わるのは、いつも最後である。多数派から一気に変わることなどあり得ない」（「続・逆転の発想」糸川英夫著・角川文庫）

いま読み返してみても、なるほどと頷かされます。

いつの時代、どの業界でも、先頭を走るのは、人のやらないことをやる"少数派"の人たちであることには間違いありません。先頭を走ることができるのは、先を読み、真っ先に商機をつかんだ人であり会社に限られています。

しかし、先頭を走り続けることは、容易ではありません。先頭を走ったが故に、落とし穴にはまってしまうことさえあります。ベンチャーの雄と騒がれながら挫折した経営者、上場しながら業績が上がらず株価を急落させた経営者など、数多くいます。

これは結局、着想は良く、思い通りに飛び出すことができた反面、人・カネ・内部体制がついていかなかったことによるのです。詰まるところ、経営者の器以上の事業展開で拡大しすぎて落とし穴にはまったためです。

確かに、商いは大きなリスクを賭けてこそ大きな成果が得られます。しかし、野心の強い賭り、己の器量をはみ出す賭けは、まさに"無謀な賭け"といわざるを得ません。

第2創業に挑戦する場合、「商いは社長の器量の範囲を超えてはならない」ことを肝に銘じ、ブームや調子に乗りすぎないように注意していいだきたいのです。

♠常にやらなければならないこと7か条

社長として、第2創業を成功に導くために、「常にやらなければならないこと7か条」と、「決してやってはならないこと7か条」とがあります。

【図表55　常にやらなければならないこと７か条】

1. 時間・カネ・エネルギーの先行投資ー悲観的な黒字より楽観的な赤字
2. コアとなるテクノロジーを活かすー地続き、本業、周辺事業、機会損失事業
3. 儲かる事業（商品・サービス）づくりはトップの仕事ー骨太の方針
4. 情報の事業化のノウハウー実践解づくり
5. ２兎を追えば失敗につながるー経営資源の一点集中
6. 弱い部分は他社（人）とタイアップーＭ＆Ａ、アウトソーシング
7. 知恵のコンビナートづくりーヒューマン・ネットワーク

そこで、まず図表55の「常にやらなければならないこと７か条」についてポイントをみてみましょう。

(1)は、時間とカネとエネルギーの先行投資を常に心がけることです。先行投資をして赤字になっても楽観的な赤字を重視します。先行投資をしない悲観的な黒字は、後になってから問題が表面化します。問題の先送りをしている企業が多いなか、第２創業のためには、悲観的な黒字より楽観的な赤字をもつことをお勧めします。

(2)は、コア・テクノロジーを活かすことです。他社に引けを取らないテクノロジーを開発し活かすのです。コア・テクノロジーを地続きにして、本業、周辺事業、機会損失事業を切り拓いて行きます。

(3)は、儲かる事業・商品・サービスを含めて、自ら現場で開発だけをやりなさいということではなく、開発の基本的なものの考え方、骨太の開発方針を示すことが大事です。

(4)は、カネ中心の商いから情報の事業化を重視した商いに変え、常に自らの地アタマで実践解（処方箋）を考え出すことです。

(5)は、二兎を追えば失敗につながります。経営資源をあれもこれもと分散するのではなく、市場の特化や技術の特化に集中します。

(6)は、弱い部門は他者とタイアップします。いままではどちらかというと、自前主義で弱い部門にかなりのエネルギーを注ぎ込み弱点を補強してきましたが、これからは得手・強みを伸ばします。つまり己の強いところに帆をあげて、弱い部分はＭ＆Ａ（事業の合併・買取り）やアウトソーシング（業務の外部委託）などによってカバーするという考え方で、ビジネスモデルを構築します。

(7)は、知恵のコンビナートづくりです。ヒューマン・ネットワークを構築して、あらゆるところから情報を集めます。集めた情報を「ああでもない、こうでもない」と加工・編集することによって知恵を出していくのです。

【図表56　決してやってはならないこと7か条】

```
1.  単なる物真似
2.  分不相応なこと
3.  情報－誘惑へのただ乗り
4.  投機的金遣い－虚業（マネーゲーム）の戒め
5.  下部からの稟議丸飲み
6.  多数決で事を決めること
7.  独断と偏見－思い込み
```

♠決してやってはならないこと7か条

　次に、「決してやってはならないこと7か条」は、図表56のとおりですが、そのポイントをみてみましょう。

　(1)は、物真似は絶対にやめることです。物真似ばかりやっているとろくなことはありません。

　(2)は、分不相応、つまり己の器量を越えるようなことはやらないことです。ブームに乗って借入などして分不相応なことをやると、後になって大変なことになりかねないからです。

　(3)の情報は、ヒント・きっかけにはなりますが、誘惑も非常に多いものです。欲でタダ乗りをするのではなくて、客観的に現場情報を事実に照らし合わせて、真の情報を吸いあげる努力が大切です。

　(4)は、投機的な金使いは絶対にやめるべきです。事業で儲からないからといって、投機に走る経営者が少なくありません。高度成長期におけるマネーゲームや不動産への投資がそのいい例ですが、これは虚業です。虚業に会社の金を使うことは絶対厳禁です。

　(5)は、下部からの稟議の丸呑みは絶対してはなりません。ビジネス破壊への対応は、トップダウンでなければだめです。下の考えに従っているようでは絶対にだめです。

　(6)は、多数決で物事を決めないことです。みんなを集めて会議をやるのは結構ですが、多数決で決めることは絶対にだめです。会議は土曜とか日曜日、あるいは時間外にやるようにしたいものです。会議は、あくまでも情報の交換だと考えてください。

　(7)は、成功体験が重なってくると、独断と偏見に陥ってしまいます。このため失敗したケースも多々あります。思い入れは結構ですが、独断と偏見の思い込みはやめたいものです。

【図表57】

> (1) アというのは、アイデア、知恵。
> (2) イというのは、インタレスト、好き。
> (3) ウというのは、ウォークで、情報。
> (4) エというのは、エキサイティングで、情熱。
> (5) オというのは、オーナーシップ・企業家精神。

♠「己づくりのアイウエオ」で自己を啓発しよう

　自己の器を拡大するために「己づくりのアイウエオ」(作家の藤本義一さんの提案)を紹介しましょう。藤本さんは、小説や物を書く場合に、アイウエオで書いておられるそうです。そのアイデアを「己づくりのアイウエオ」にまとめたのが図表57です。

　アのアイデアについて、ワタミフードサービスの渡邉社長は「できないというのではなく、できる方法を考えるのが経営だ」といわれています。

　イのインタレストは、好きというのがすべての原点です。好き・好奇心をもって事にあたることが必要です。いやいややっているとろくなことがないからです。これは得手・強みづくりはもとより、技術開発、商品開発、事業開発に欠かせない執念の原点です。ウのウォークは、歩いて情報を取るということです。いうまでもなく、これからは情報が元手の時代です。それも現場から六感で吸収した臨場情報を重視すべきです。

　エのエキサイティングは、俺がやらねば誰がやると燃えることです。すぐ燃え尽き症候群になりがちですが、情熱をもって事に望む根気・粘りを喪失してはダメです。

　オのオーナーシップは、企業家精神です。不連続的な緊張に耐える力と精神です。

　以上の「ア・イ・ウ・エ・オ」を自己点検して自己啓発－器の拡大に役立ててください。

　最後に、物事を極める手順について。茶道の開祖とされる千利休は、物事を極める手順として「守・破・離」という考え方を残しています。

(1) 守……仕事の基本を完全に身につけ、これを守ること。社長の仕事は元気印の会社をつくること、そのためには、三つの「かつ」を身につけてください。
(2) 破……伝統的な型を破り、独自性を出す。
(3) 離……名人といわれるような独自の世界を創造すること。

　Hop Step Jumpして、この三つのハードルを飛び越えてください。

参　考　文　献

「グラフィックス」2001.12号（社団法人東京グラフィックスサービス工業会）
「経営指針作成の手引き」（東京中小企業家同友会）
「不況に勝つ経営」日経ベンチャー特別編集版（日経BP社）
「小粒でもキラリ快走・小さなトップ企業111社の秘密」日経ビジネス2001.10.29号（日経BP社）
「第2創業」戦略経営者特集2001.10号No180（戦略経営室）
「新規事業で会社を変える本」2002冬号（リクルート）
「強い企業への経営改革」リクルートムックアントレ特別編集（リクルート）
「週間東洋経済」2002.1.19号（東洋経済新報社）
「小さなトップ企業」日経ビジネス連載（日経BP社）
「THE 21」2002.9号（PHP研究所）
「ベンチャー企業」松田修一著（日本経済新聞社）
「構想力のための11章」水野博之著（三五館）
「低迷時代を生き抜く経営の知恵」碓井貢著（セルバ出版）
「21世紀の新勝ち組産業はこれだ！」大宮みどり・宮野ナナ共著（こう書房）
「価値最大化のマーケティング」酒井光雄著（ダイヤモンド社）
「50時間で会社を変える！」水島温夫著（日本実業出版社）
「企業の勝ち残る技術」高井透著（ダイヤモンド社）
「東京発・中小企業50の挑戦ドラマ」（東急エージェンシー）
「ビジネスモデルづくり入門」山崎康夫著（中経出版）
「やる気・やるチャンス・やる力」高原慶一朗著（日経BP社）
「マーケティング・パラダイム」嶋口充輝著（有斐閣）
「よくわかる経営戦略」西村克己著（日本実業出版社）
「よくわかるプロジェクトマネジメント」西村克己著（日本実業出版社）
「経営の質を高める8つの基準」大久保寛司著（かんき出版）
「事業再編の仕組みと活用法」大久保光雄編著（かんき出版）
「戦略ビジネス・プラットフォーム」水島温夫著（ダイヤモンド社）
「最強の研究開発戦略システム」赤塔政基著（タイヤモンド社）
「研究開発型ベンチャーの企業戦略と組織構造」横浜市中小企業指導センター編（横浜市中小企業指導センター）
「リエンジニアリング」小林裕著（中経出版）
「仮説思考法」飛岡健著（ごま書房）
「会社は潰れたらおしまいや！」森和夫著（中経出版）
「負けるな町工場」中里良一著・月刊プレス技術（日刊工業新聞社）
「続・逆説の発想」糸川英夫著（角川文庫）
「頭の悪い奴が成功する」徳田虎雄著（祥伝社）

著者紹介

森　和夫（もり　かずお）

立命館大学経済学部卒業。(財) 日本生産性本部 (現社会経済生産性本部) を経て独立。現在ゴーイング・コンサーン (継続事業体) 研究所主宰。埼玉県中小企業支援センター支援専門家。日本経営システム学会会員。主として中堅・中小企業を対象にコンサルタント歴約40数年のキャリアを生かし、講演会・セミナー活動ならびに個別企業の経営指導を全国的に展開する実践経営コンサルタント。
著書として、「会社は潰れたらおしまいや！」(中経出版)、「経営幹部の役割と実務」(ゴーイング・コンサーン研究所)、「上手な事業の譲り方・引き継ぎ方」(全法連)、「強い後継者の育て方」(西北社) 他多数。

連絡先　〒252-0804
　　　　藤沢市湘南台7-23-6
　　　　(有)ゴーイング・コンサーン研究所
　　　　TEL 0466-45-3166　FAX 0466-43-5775

社長!! 儲かる会社に変えなけりゃおしまいや！

2002年10月31日　初版発行

著　者　森　和夫　©Kazuo.Mori

発行人　森　忠順

発行所　株式会社セルバ出版
　　　　〒113-0034
　　　　東京都文京区湯島1丁目12番6号 高関ビル3Ａ
　　　　TEL 03(5812)1178　FAX 03(5812)1188

発　売　株式会社創英社/三省堂書店
　　　　〒101-0051
　　　　東京都千代田区神田神保町1丁目1番地
　　　　TEL 03(3291)2295　FAX 03(3292)7687

印刷・製本所　株式会社平河工業社

●乱丁・落丁の場合はお取り替えいたします。著作権法により無断転載、複製は禁止されています。
●本書の内容に関する質問はFAXでお願いします。

Printed in JAPAN
ISBN4-901380-12-5